TRILHAS DE APRENDIZAGEM PARA A EDUCAÇÃO BILÍNGUE DE SURDOS

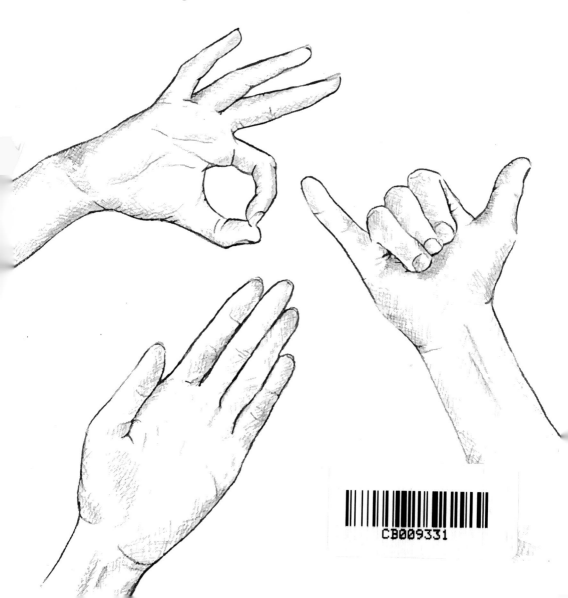

Editora Appris Ltda.
1.ª Edição - Copyright© 2024 dos autores
Direitos de Edição Reservados à Editora Appris Ltda.

Nenhuma parte desta obra poderá ser utilizada indevidamente, sem estar de acordo com a Lei nº 9.610/98. Se incorreções forem encontradas, serão de exclusiva responsabilidade de seus organizadores. Foi realizado o Depósito Legal na Fundação Biblioteca Nacional, de acordo com as Leis nos 10.994, de 14/12/2004, e 12.192, de 14/01/2010.

Catalogação na Fonte
Elaborado por: Dayanne Leal Souza
Bibliotecária CRB 9/2162

A524t 2024	Amorim, Ivone Santana Trilhas de aprendizagem para a educação bilíngue de surdos / Ivone Santana Amorim e Wolney Gomes Almeida. – 1. ed. – Curitiba: Appris, 2024. 162 p. : il. ; 23 cm. Inclui bibliografias. ISBN 978-65-250-6746-9 1. Educação bilíngue para surdos. 2. Educação inclusiva. 3. Formação. 4. Educação inclusiva. I. Amorim, Ivone Santana. II. Almeida, Wolney Gomes. III. Título. CDD – 371

Livro de acordo com a normalização técnica da ABNT

Appris editora

Editora e Livraria Appris Ltda.
Av. Manoel Ribas, 2265 – Mercês
Curitiba/PR – CEP: 80810-002
Tel. (41) 3156 - 4731
www.editoraappris.com.br

Printed in Brazil
Impresso no Brasil

Ivone Santana Amorim
Wolney Gomes Almeida

TRILHAS DE APRENDIZAGEM PARA A EDUCAÇÃO BILÍNGUE DE SURDOS

Appris editora

Curitiba, PR
2024

FICHA TÉCNICA

EDITORIAL	Augusto V. de A. Coelho Sara C. de Andrade Coelho
COMITÊ EDITORIAL	Marli Caetano Andréa Barbosa Gouveia - UFPR Edmeire C. Pereira - UFPR Iraneide da Silva - UFC Jacques de Lima Ferreira - UP
SUPERVISOR DA PRODUÇÃO	Renata Cristina Lopes Miccelli
PRODUÇÃO EDITORIAL	Adrielli de Almeida
REVISÃO	J. Vanderlei
DIAGRAMAÇÃO	Yaidiris Torres
CAPA	Mateus Amorim Cardoso
REVISÃO DE PROVA	Bruna Santos

COMITÊ CIENTÍFICO DA COLEÇÃO LINGUAGEM E LITERATURA

DIREÇÃO CIENTÍFICA Erineu Foerste (UFES)

CONSULTORES

- Alessandra Paola Caramori (UFBA)
- Alice Maria Ferreira de Araújo (UnB)
- Célia Maria Barbosa da Silva (UnP)
- Cleo A. Altenhofen (UFRGS)
- Darcília Marindir Pinto Simões (UERJ)
- Edenize Ponzo Peres (UFES)
- Eliana Meneses de Melo (UBC/UMC)
- Gerda Margit Schütz-Foerste (UFES)
- Guiomar Fanganiello Calçada (USP)
- Ieda Maria Alves (USP)
- Ismael Tressmann (Povo Tradicional Pomerano)
- Joachim Born (Universidade de Giessen/Alemanha)
- Leda Cecília Szabo (Univ. Metodista)
- Letícia Queiroz de Carvalho (IFES)
- Lidia Almeida Barros (UNESP-Rio Preto)
- Maria Margarida de Andrade (UMACK)
- Maria Luisa Ortiz Alvares (UnB)
- Maria do Socorro Silva de Aragão (UFPB)
- Maria de Fátima Mesquita Batista (UFPB)
- Maurizio Babini (UNESP-Rio Preto)
- Mônica Maria Guimarães Savedra (UFF)
- Nelly Carvalho (UFPE)
- Rainer Enrique Hamel (Universidade do México)

[...] poderemos compreender a pessoa surda como um sujeito cultural, que destituído de condições terapêuticas, constitui-se em seus aspectos linguísticos a partir de elementos de empoderamento que demarcam a sua diferença e tomam posse de seus espaços de conhecimento, seja na educação básica ou no ensino superior.

(Wolney Gomes Almeida, 2015, p. 9)

AGRADECIMENTO

O Centro de Apoio Pedagógico localizado em Jequié, Bahia, destaca-se por sua educação inclusiva, especialmente ao manter um núcleo especializado no suporte educacional para alunos surdos. Esse núcleo sob a habilidosa liderança da professora Laura Regina Cardoso oferece um ambiente de aprendizado enriquecedor, adotando o bilinguismo como chave para o desenvolvimento educacional dos surdos. Expressamos nossa profunda gratidão à professora Laura pela generosidade em compartilhar imagens e relatos de suas metodologias pedagógicas, contribuições valiosas que agregaram significativo valor ao nosso trabalho.

DEDICATÓRIA

Aos professores da sala comum comprometidos em assegurar o direito à aprendizagem dos Surdos em sua segunda língua, a Língua Portuguesa, na modalidade escrita.

Aos estudantes Surdos, pelo direito de aprender.

PREFÁCIO

DAS PRÁTICAS PEDAGÓGICAS E(M) APOSTAS-SEMENTES

> *No fundo,*
> *o essencial nas relações entre*
> *educador e educando,*
> *entre autoridade e liberdade,*
> *entre pais, mães, filhos e filhas*
> *é a reinvenção do ser humano*
> *na aprendizagem de sua autonomia.*
> (Paulo Freire, *Pedagogia da Autonomia*)

As emoções pelas quais fui tomada por ocasião do convite para elaborar o presente texto ainda não encontram as palavras em seu aspecto mais adequado. Devo reconhecer que o desafio desse dizer relaciona-se aos diferentes fatores em jogo: as inspirações com a leitura do trabalho; o carinho, o respeito e a admiração que nutro por Ivone Santana Amorim e Wolney Gomes Almeida; a alegria por esse gesto de aposta no qual meu posicionamento é convocado. Nesse sentido, a mobilização do fragmento de texto de Paulo Freire, presente no livro "Pedagogia da autonomia", busca se distanciar do forte apelo na citação desse grande educador e intelectual para fazer relação com uma questão que, espera-se, tenha alguma resposta (explícita) nestas linhas: a relevância da presente obra.

Trata-se de parte de pesquisa realizada no âmbito do Mestrado Profissional em Letras (PROFLETRAS), da Universidade Estadual de Santa Cruz (UESC), e que agora, felizmente, alça possibilidades outras em relação aos interlocutores e destinos. Para quem não é familiarizado com o PROFLETRAS, vale situar que as Diretrizes da Rede Nacional do Programa orientam que seja apresentada uma "Proposta para enfrentar o problema", a qual deve estar em franca e coerente relação com o trabalho teórico-metodológico a ser desenvolvido. A presente obra, assim, materializa uma resposta possível à educação bilíngue de pessoas surdas.

Deve-se ressaltar o desafio envolvido na construção de um material pedagógico, em especial no PROFLETRAS. Além das complexidades próprias do percurso de pesquisa (aliar a prática de pesquisa ao trabalho em sala de aula, já que a maioria das pessoas na pós-graduação não conseguem afastamento, como é o caso de Ivone Santana Amorim), as dinâmicas na sala de aula e dos processos de ensino-aprendizagem (que envolvem relações de contradição, desigualdade, subordinação) não permitem que tomemos qualquer proposta em um aspecto encerrado; devemos, sim, observar sobretudo a quem e como a proposta se endereça, como está estruturada, a quem efetivamente presta contas: se às práticas de poder dominantes ou ao/à trabalhador/a, em suas condições de trabalho e às possibilidades de resistir, e à/ao estudante, cujo direito a um ensino equitativo e de qualidade está no horizonte desse Programa.

Um trabalho produzido no âmbito do PROFLETRAS pode dar consequências às práticas de ensino-aprendizagem, com o potencial de deslocar relações cristalizadas com o saber, tudo isso sem perder de vista o rigor teórico, analítico e metodológico.

Nesse sentido, Wolney Gomes Almeida tem sido um colega e educador cuja competência se evidencia não apenas para quem tem o privilégio de assistir às suas aulas e sobretudo contar com sua orientação, mas também para nós, docentes. Os trabalhos sob sua orientação no PROFLETRAS buscam trazer uma proposta arrojada, voltada às necessidades de grupos que podem atualmente encontrar direitos e proteção do ponto de vista legal, mas que permanecem silenciadas em muitas práticas cotidianas do espaço escolar, como por exemplo as pessoas surdas. Esses processos de silenciamento podem ser compreendidos como gestos de violência, pois obstaculizam o acesso a direitos básicos, segregando os sujeitos de práticas e espaços, o que corresponde, por sua vez, a limitar vivências e experiências dignas.

A presente obra, "Trilhas de aprendizagem para a educação bilíngue de surdos" resulta, em primeiro lugar, de um feliz encontro entre Ivone Santana Amorim e Wolney Gomes Almeida, que permitiu a ambos construir profícuos trabalhos em parceria. A obra traça um caminho que, além de encaminhamentos procedimentais, com vistas ao ensino bilíngue para pessoas surdas, de forma mais específica, relacionados ao trabalho com a leitura e escrita da Língua Portuguesa como segunda língua (L2), coloca em questão a historicidade dos/nos sentidos sobre surdez e pessoas surdas. No movimento de dedicação às práticas pedagógicas, possui como diferencial a retomada dos sentidos construídos em torno da pessoa surda e seus movimentos ao longo da história, a mobilização de políticas públicas relacionadas à temática da pesquisa e(m) seus delineamentos e a valorização da prática no território.

O livro, além de ser resultado de um rigoroso e amplo trabalho de pesquisa bibliográfica e documental, tem cuidado na condução dos temas mobilizados, trazendo ainda preciosas indicações de materiais – entre os quais constam textos teóricos e jurídicos – para utilização em sala de aula e para aprofundamento. Uma potencialidade marcante desse livro é uma possível captura, por parte de quem o lê, no sentido de despontar interesses e de reconhecer possíveis temas e objetos de estudo.

"Trilhas de aprendizagem para a educação bilíngue de surdos" é um livro que, pela relevância de sua temática e pelo que se propõe a fazer, interessa a docentes cujo compromisso faz da justa indignação uma frente de luta. Nesse caso, tal luta se materializa em uma prática pedagógica que assume também a importância do afeto e do respeito entre os interlocutores, sem prescindir de uma condução rigorosa e cuidadosa nessa aposta-semente de transformação.

Fernanda Luzia Lunkes

Universidade Federal do Sul da Bahia (UFSB)
PROFLETRAS (UESC)

LISTA DE SIGLAS E ABREVIATURAS

AEE	Atendimento Educacional Especializado
BNCC	Base Nacional Comum Curricular
CAPE	Centro de Apoio Pedagógico
CNE	Conselho Nacional de Educação
DA	Deficiência Auditiva
DCNEM	Diretrizes Curriculares Nacionais do Ensino Médio
DCN	Diretrizes Curriculares Nacionais
ECA	Estatuto da Criança e do Adolescente
EM	Ensino Médio
EE	Educação Especial
Libras	Língua Brasileira de Sinais
L1	Primeira língua - Libras
L2	Segunda língua – Língua Portuguesa
LDB	Lei de Diretrizes e Bases
LO	Língua Oral
L2	Segunda língua – Língua Portuguesa
PcD	Pessoa com Deficiência
PCN	Parâmetros Curriculares Nacionais
PNE	Plano Nacional de Educação
PNEE	Política Nacional de Educação Especial
PNEEPEI	Política Nacional de Educação Especial na Perspectiva da Educação Inclusiva

SUMÁRIO

PARA INÍCIO DE CONVERSA... 23
Os autores

CAPÍTULO 1:
O LUGAR DA SAURDEZ E DO SURDO AO LONGO DA HISTÓRIA... 27
    1. Contextualização do tema 28
    2. Objetivo principal deste capítulo 28
    3. Principais pontos de leitura e discussão 28
        3.1 No túnel do tempo, uma brevidade da história dos Surdos..............28
        3.2 Pessoas que se destacaram na história inicial dos Surdos 31
    4. No Brasil...32
        4.1 Visão clínico-terapêutica 34
        4.2 Visão socioantropológica - Surdez enquanto diferença..................35

CAPÍTULO 2:
MÉTODOS DE EDUCAÇÃO PARA SURDOS.......................... 39
    1. Contextualização do tema 40
    2. Objetivo principal deste capítulo 41
    3. Principais pontos de Leitura e Discussão......................41
        3.1 Quais os métodos de ensino utilizados na educação de surdos? 41
            3.1.1 Oralismo 41
        3.2 Comunicação Total 42
        3.3 Bilinguismo 43

CAPÍTULO 3:
**APROPRIAÇÃO DA LEITURA E ESCRITA DA LÍNGUA PORTUGUESA
COMO L2**... 49
    1. Contextualização do tema 50
    2. Objetivo principal deste capítulo 50
    3. Principais pontos de leitura e discussão 50
        3.1 Língua de sinais 50
        3.2 Apropriação da leitura e escrita em L2.....................51

3.2.1 Metodologias criativas. 51

3.3.2 Pedagogia visual 52

3.3.3 Contação de histórias em língua de sinais (linguagem visual-espacial). . . .53

3.3.4 Sistema SignWriting ou Literatura em Libras escrita 58

4. Atendimento Educacional Especializado (AEE) sob a proposta da inclusão 69

CAPÍTULO 4:
POLÍTICAS PÚBLICAS DE EDUCAÇÃO BILÍNGUE PARA SURDOS ... 73

1. Contextualização do tema 74

2. Principais pontos de Leitura e Discussão. 74

3. Declaração Mundial sobre Educação para Todos (Conferência de Jomtiem, Tailândia, no ano de 1990) 75

4. Conferência Mundial sobre Necessidades Educativas Especiais: acesso e qualidade 76

5. Política Nacional de Educação Especial 76

6. Lei de Diretrizes e Bases da Educação Nacional, Lei nº 9.394/96 77

6.1 Parâmetros Curriculares Nacionais para a Educação Especial. 78

7. Lei da Libras nº 10.436/2002 78

8. Decreto nº 5.626/2005 79

9. Política Nacional de Educação Especial na Perspectiva da Educação Inclusiva . . .79

10. Relatório sobre a Política Linguística na Educação Bilíngue - Libras e Língua Portuguesa. 80

CAPÍTULO 5:
PRÁTICAS PEDAGÓGICAS PARA O PROCESSO DO ENSINO E
APRENDIZAGEM DOS ALUNOS SURDOS 83

1. Contextualização do tema 84

2. Pontos de Estudo e Discussão 85

3. Alfabetização em português no contexto do aluno surdo (QUADROS, SCHMIEDT, 2006). 89

4. Relato de estórias, produção de literatura infantil em sinais e interação espontânea da criança com outras crianças e adultos por meio da língua de sinais. 90

4.1 Sobre a produção de textos na alfabetização. 90

5. Letramento Visual como ferramenta no ensino aprendizagem do português escrito como segunda língua para surdos. 94

5.1 Atividades de Letramento 95

CAPÍTULO 6:
PRÁTICAS PEDAGÓGICAS POR MEIO DOS RECURSOS DIDÁTICOS E TECNOLÓGICOS 101

1. Contextualizando o tema 102
2. Pontos de estudo e discussão: 103
3. Repassar conceitos por apresentações de imagens 111
4. Recorrer ao Ambiente Virtual do Moodle 111
5. Comunicação do professor diretamente com o aluno surdo 112
6. Utilização de canais do Youtube 112
7. Recursos Didáticos, tendo como referência Quadros, Schmiedt (2006)........ 113

CAPÍTULO 7:
PRÁTICAS PEDAGÓGICAS PARA A AVALIAÇÃO DO SISTEMA DE ESCRITA 131

1. Contextualização do tema 132
2. Principais pontos de Leitura e Discussão: 133

CAPÍTULO 8:
PRÁTICA PEDAGÓGICA DE ENSINO E APRENDIZAGEM NO CENTRO DE APOIO PEDAGÓGICO – JEQUIÉ BAHIA 137

COMPLETANDO A FORMAÇÃO: LINKS PARA BAIXAR DO ACERVO BIBLIOGRÁFICO 145

GLOSSÁRIO 153

Caro(a) professor (a),

Nosso convite é destinado a você, da sala de aula comum, que se depara com o aluno surdo e tem dificuldade em trabalhar com esse discente. Este convite busca incorporar conhecimentos que criem um novo cenário educacional inclusivo e bilíngue para os surdos, diferenciando-se das abordagens inclusivas tradicionais que seguem o modelo estabelecido pelas diretrizes da educação especial. Essa perspectiva valoriza a Libras como uma língua legítima e reconhece sua importância na formação e no desenvolvimento dos estudantes surdos.

Esse convite visa oferecer meios para que a Libras e a Língua Portuguesa (LP) circulem em posição de igualdade na escola, nas salas comuns, sem a centralidade educacional da L2 (por se tratar da língua da maioria da comunidade linguística de falantes) sobre a L1 (língua da minoria, linguisticamente falando).

Esse convite para a formação profissional é relevante e aborda uma questão crucial: a preparação dos professores para atender às necessidades específicas da educação de surdos. A pesquisa realizada pelos estudiosos Muttão e Lodi (2018) investigou o tema da formação de professores, analisando teses e dissertações no período de 1995 a 2014. A conclusão é preocupante: a maioria dos estudos revela que as particularidades da educação de surdos não foram adequadamente contempladas na formação inicial dos professores.

Diante disso, é fundamental que os programas de formação inicial dos professores deem atenção à pluralidade linguística e cultural dos surdos, bem como às estratégias específicas para promover a aprendizagem e o desenvolvimento desses estudantes. A valorização da Libras como língua legítima e a compreensão das especificidades da educação bilíngue são passos essenciais para uma educação mais igualitária e inclusiva.

Este é apenas um singelo convite que aguarda a aceitação da comunidade docente. Esperamos que haja novas edições deste livro, com acréscimos de novos saberes pedagógicos, de forma a proporcionar novas trilhas de aprendizagem para a educação bilíngue para surdos.

Uma longa viagem começa com um único passo

(Lao-Tse)

PARA INÍCIO DE CONVERSA

*"Como resultado destes saberes, podemos refletir a dialética da ação
que envolve os surdos e os educadores, seus papéis exercidos nos espaços
sociais e os impasses e dificuldades enfrentados nesta relação a fim
de permitir o aprofundamento de novos conhecimentos e ampliar as
condições de desenvolvimento tanto da prática docente, quanto do
próprio aprendizado dos sujeitos surdos". (Almeida, 2015)*

Professores desempenham um papel de suma importância na construção de saberes, intrinsecamente ligados a diversos aspectos, como socialidade, identidade, experiências de vida, história profissional e interações escolares. Esses saberes abrangem conteúdos disciplinares, curriculares e experenciais, indispensáveis para a prática pedagógica. Nesse ínterim, como produtor de saberes, o docente precisa se capacitar, se formar continuamente para garantir seu espaço de atuação.

A essência do trabalho docente são as interações humanas. A relação estabelecida entre docente e discente é por vínculo ideológico, pessoal, emocional, social, dentre outros. Assim, a docência não é apenas conteúdo programático, mas sobretudo vivência, relacionamento interpessoal. Na educação de surdos, por exemplo, a função do intérprete de língua de sinais necessita da interação direta com os surdos, pois é agente ativo na prática comunicativa. Sua experiência foi adquirida no convívio em igrejas ou associações, trazendo consigo vivências especiais.

Dessa forma, há diversos modos de exercer a docência. Cada profissional da educação constrói sua identidade, prática pedagógica e percurso formativo no contexto de vida e profissão. No entanto, persiste a necessidade de atualização dos saberes plurais dos docentes que trabalham com alunos surdos, a apropriação de saberes relacionadas às metodologias aplicadas, ao conhecimento da cultura surda, aos direitos legais e a interação professor-aluno.

A concepção da educação bilíngue está intrinsecamente ligada às experiências dos profissionais envolvidos no fazer pedagógico, suas práticas discursivas e os movimentos em prol dos surdos. A teoria e a prática tornam-se indissociáveis no conjunto dos saberes dos professores surdos bilíngues.

Na proposta da educação bilíngue para surdos, é imperativo que o professor da sala comum tenha em sua formação paradigmas pedagógicos que permitam a expressão da identidade pessoal, social e cultural dos surdos. Isso requer não apenas fluência/proficiência na comunicação entre o professor ouvinte bilíngue e os alunos surdos, mas também a exploração de estratégias para integrar recursos, como a literatura surda, no ambiente educacional. Sendo o professor um agente da comunicação, torna-se indispensável que se comunique diretamente com o aluno. Não se pode negar que a vivência com o surdo contribui para a construção de novos saberes.

À vista disso, a Libras desempenha um papel de destaque como segunda língua, impactando diretamente o desenvolvimento dos alunos surdos na escola. Reconhece-se que o aprendizado da Libras, especialmente para professores e intérpretes, não se concretiza em cursos de curta duração, pois exige anos de dedicação e imersão na segunda língua.

A formação de professores para a educação de surdos é um desafio complexo que demanda uma abordagem abrangente e contínua, a começar pelos documentos que regem a educação nacional. Segundo as Diretrizes Curriculares Nacionais para a Educação Bilíngue, no Art. 2º, "professores de escolas bilíngues em todos os níveis e etapas da educação básica devem ter licenciatura na segunda língua ou teste de proficiência". Enquanto, isso, para atuar na educação especial, a Política Nacional de Educação Especial na Perspectiva da Educação Inclusiva (PNEEPEI) indica as seguintes condições:

> o professor deve ter como base da sua formação, inicial e continuada, conhecimentos gerais para o exercício da docência e conhecimentos específicos da área. Essa formação possibilita a sua atuação no atendimento educacional especializado e deve aprofundar o caráter interativo e interdisciplinar da atuação nas salas comuns do ensino regular, nas salas de recursos, nos centros de atendimento educacional especializado, nos núcleos de acessibilidade das instituições de educação superior, nas classes hospitalares e nos ambientes domiciliares, para a oferta dos serviços e recursos de educação especial (Brasil, 2008, p. 17-8).

A materialidade da docência está em contribuir com a construção do outro (o surdo).

Algumas perguntas precisam ser respondidas para a formação inicial e continuada: "o que cabe ao docente em seu percurso formativo? Como ele se constitui, se identifica e se forma, ao longo de sua carreira e em seus ambientes de trabalho? Como vem se constituindo as políticas públicas de formação de professores/as?"

A formação continuada, concebida como um processo permanente e independente do tempo de serviço ou das experiências acumuladas, assume um papel essencial para que os professores estejam alinhados com a dinâmica da sociedade e possam repensar a escola como um todo. Até recentemente, a formação destinada aos professores, com foco em lidar com alunos surdos, estava predominantemente fundamentada na perspectiva ouvintista. Essa abordagem reflete a concepção dos surdos como "doentes", originada a partir de diagnósticos médicos, nos quais se busca uma possível cura ou a provisão de aparelhos auditivos. Como consequência, muitos desses alunos surdos eram encaminhados para escolas especiais, recebendo um currículo diferenciado que, por sua vez, contribuía para o insucesso escolar.

O cerne da docência está na construção do conhecimento mútuo, sendo os professores agentes de interações humanas fundamentadas na linguagem. Dominar a Libras é imperativo, pois legitima o surdo como "sujeito de linguagem" e transforma a "anormalidade" em diferença.

Para estabelecer um ambiente educacional bilíngue eficaz nas salas comuns, os professores não devem depender somente do apoio de intérpretes de Libras, mas também precisam possuir conhecimento básico da língua para interagir diretamente com os alunos surdos. Aditivamente, a implementação de metodologias e recursos didáticos adaptados servirá para atender às necessidades específicas desses alunos. À vista disso, a formação continuada dos professores em Libras é indispensável para garantir a qualidade do ensino bilíngue e a inclusão plena dos alunos surdos.

Neste exemplar propõem-se estratégias que promovam a aprendizagem sob a perspectiva do bilinguismo para surdos. Isso abre caminho para a comunicação e busca soluções que ampliam as possibilidades educacionais e fortaleçam o ensino bilíngue. Por conseguinte, espera-se que o material sirva para orientar com práticas e metodologias, incluindo estratégias de ensino, adaptação de atividades, uso de recursos didáticos e abordagens pedagógicas que promovam o ensino eficaz da língua.

Em suma, este trabalho posiciona o ensino de Língua Portuguesa como L2 na perspectiva do bilinguismo para surdos. Com isso, a marca presente nesta proposta é a busca pela identificação de características e necessidades específicas dos alunos surdos, bem como reconhecimento e valorização do bilinguismo como uma modalidade de ensino distinta para surdos, conforme estabelecido na legislação brasileira. Destaca, assim, e fomenta a formação continuada para os educadores lidarem de forma eficaz com a diversidade no contexto da educação de surdos, mediado por uma proposta de Caderno Pedagógico.

Os autores.

Referência

MUTTÃO, Melaine Duarte Ribeiro. LODI, Ana Claudia Balieiro. Formação de professores e educação de surdos: revisão sistemática de teses e dissertações. **Rev. Psicologia Escolar e Educacional**, SP. Número Especial, 2018, 49-56 Disponível em: scielo.br/j/pee/a/YTSHs8G4rBGhssBgDqCPkTc/?format=pdf. Acesso em: 20 ago. 2023.

CAPÍTULO 1:

O LUGAR DA SURDEZ E DO SURDO AO LONGO DA HISTÓRIA

1. Contextualização do tema

O assunto desenvolvido está diretamente relacionado à história dos surdos, sua cultura e a dolorosa exclusão da vida em sociedade, manifestada por diversas formas de privação e marginalização. Inicialmente, essa exclusão era fundamentada na falta de reconhecimento de sua humanidade, associada à incapacidade de ouvir, período em que o sentido auditivo era considerado o mais crucial do corpo humano. Paralelamente a essa marginalização, se estendia à negação dos direitos de cidadania, relegando os Surdos ao esquecimento social.

Com o surgimento das ciências humanas, como antropologia, psicologia e sociologia, a compreensão em torno da surdez experimentou transformações significativas. Essa evolução delineou o lugar da surdez sob duas perspectivas distintas: a visão clínico-terapêutica, que centraliza a noção de deficiência, e a concepção socioantropológica, fundamentada na ideia de diferença. Essas duas abordagens antagônicas continuam a influenciar os espaços sociais contemporâneos, delineando o contexto em que a surdez se insere.

De acordo com Sá (2002) não podemos compreender a surdez sem investigarmos as concepções clínico-terapêutica e a sociológica, conforme veremos adiante.

2. Objetivo principal deste capítulo:

Compreender e problematizar a formação da identidade do Surdo a partir do tratamento que foi dado a ele ao longo da história por meio das concepções em torno da surdez e da violência contra a cultura surda.

3. Principais pontos de leitura e discussão:

3.1 No túnel do tempo, uma brevidade da história dos Surdos

No túnel do tempo, a história nos conduz ao passado tumultuado e frequentemente desafiador da experiência dos Surdos. Uma trajetória que, lamentavelmente, esteve repleta de depreciações, manifestadas através de discriminação, rejeição, abandono, segregação e exclusão social. Essa história, marcada por uma série de obstáculos, destaca como a sociedade lidou com a diferença ao longo dos séculos.

Desde os primórdios da civilização, a presença de uma criança identificada como surda, uma vez que fugia dos parâmetros considerados normais, acarretava destinos cruéis. A convivência com o diferente sempre representou um desafio, refletindo-se em olhares que variavam entre o desconhecimento e a incompreensão.

Ao analisarmos esses tratamentos hostis e cruéis ao longo do tempo, as adversidades e transformações que os Surdos enfrentaram, compreendemos a forma como as sociedades lidaram com a surdez. Para Perlin (2005, p. 79),

> a violência contra a cultura surda foi marcada através da história. Constatamos, na história, eliminação vital dos surdos, a proibição do uso de língua de sinais, a ridicularização da língua, a imposição do oralismo, a inclusão do surdo entre os deficientes, a inclusão dos surdos entre os ouvintes.

Sendo assim, baseado em Barbosa (2011); Bisol e Sperb (2010) abordaremos com brevidade o tratamento dado aos Surdos em algumas civilizações e em diferentes períodos da história da humanidade, bem como os principais personagens a participar efetivamente da educação dos surdos. Esperamos, com isso, realçar os desafios superados e os caminhos que ainda se apresentam para a plena inclusão do Surdo na contemporaneidade.

Na Grécia Antiga

Os surdos eram jogados no rio Tibre (*Tevere*: em italiano). Apenas sobreviviam aqueles que conseguiam sair do rio ou eram escondidos por seus próprios pais. A partir daí os surdos tornavam-se escravos de senhores ouvintes, sendo obrigados a passar toda a vida dentro de moinhos de trigo realizando trabalhos braçais.

Fonte: https://acesse.one/gVLNT
Acesso em 30 jan. 2024

No Egito

Fonte: https://l1nk.dev/Ou6c5
Acesso em: 30 jan. 2024

Os surdos eram venerados como deuses e desempenhavam o papel crucial de intermediários entre os faraós e as divindades. Essa atribuição divina conferia aos Surdos uma autoridade e prestígio significativos, resultando em um respeito profundo e, por vezes, até mesmo em temor por parte da sociedade.

Na Roma Antiga

Fonte: https://acesse.one/LpwWq
Acesso em: 30 jan. 2024

A visão sobre os surdos refletia os mesmos preconceitos presentes na Grécia Antiga, onde eram considerados como pessoas imperfeitas. Essa mentalidade, advinda da influência cultural grega, resultava na quase total exclusão dos Surdos do convívio social na sociedade romana.

No Catolicismo

Fonte: https://acesse.one/0iq84
Acesso em: 30 jan. 2024

Santo Agostinho (354 d.C. – 430 d.C.) acreditava que a surdez era uma consequência dos pecados dos pais. No entanto, ele aceitava que os Surdos poderiam se comunicar por meio de gestos, considerando essa habilidade como um recurso valioso para a salvação da alma.

A visão de Santo Agostinho reflete a complexidade das interpretações religiosas sobre a surdez na época, destacando a importância da comunicação gestual como meio de participação na espiritualidade.

3.2 Pessoas que se destacaram na história inicial dos Surdos

Fonte: https://encurtador.com.br/cnsM5
Acesso em: 30 jan. 2024.

Em torno de 700 d.C., John Beverly foi a primeira pessoa registrada a ensinar um surdo a se comunicar. Ele instruiu um jovem conhecido como "o menino mudo de Hexham", capacitando-o a pronunciar as letras do alfabeto e algumas palavras. Esse episódio inicial de educação de um surdo na história oferece um vislumbre do reconhecimento gradual da importância da comunicação para os Surdos, marcando um passo significativo em direção à inclusão e compreensão.

Fonte: https://encurtador.com.br/cEQ18
Acesso em: 30 jan. 2024.

Pedro Ponce de León (1520-1584) foi o primeiro professor registrado de surdos. Ele criou um alfabeto manual que permitiu às pessoas surdas soletrar palavras. O legado de Ponce de León representa um avanço significativo no reconhecimento das necessidades educacionais dos Surdos, inaugurando uma fase em que métodos específicos foram desenvolvidos para facilitar a comunicação e a aprendizagem desse grupo.

Fonte: https://acesse.dev/bn6YH
Acesso em: 30 jan. 2024.

Dom Pedro II

No Brasil, a história dos surdos remonta ao período do segundo império, sob a liderança de **Dom Pedro II**, que governou de 1840 a 1889, quando ocorreu a Proclamação da República. Em 1855, o conde e professor francês Eduard Huet aceitou o convite de Dom Pedro II para se estabelecer no Brasil.

Ernest Huet

A missão de **Huet** era introduzir uma metodologia já utilizada na França e em grande parte da Europa para a educação de pessoas surdas. Resultado do trabalho de Huet, em 1857, foi fundado no Rio de Janeiro o Imperial Instituto Nacional de Surdos-Mudos, um marco crucial na história dos surdos brasileiros. Atualmente, esse instituto é conhecido como INES.

Fonte: https://acesse.one/j4R63.
Acesso em: 30 jan. 2024

4. No Brasil

Criação do Instituto Nacional de Educação de Surdos (1857)

Fonte: https://acesse.dev/G9bT9
Acesso em: 01 fev. 2024

A primeira escola para surdos no Brasil, por iniciativa do surdo francês Ernest Huet. Teve como primeira denominação Collégio Nacional para Surdos-Mudos. considerado centro de referência nacional na área qualidade. Esses cidadãos, que possuem uma singularidade linguística, necessitam de políticas de ensino que respeitem e valorizem suas particularidades.

O INES ocupa posição de destaque na educação de surdos, tanto na formação e qualificação de profissionais na área da surdez, por meio de graduação e pós-graduação, pesquisa e extensão, quanto na construção e difusão do conhecimento, por meio de estudos e pesquisas, fóruns de debates, publicações, seminários e congressos, cursos de extensão e assessorias em todo o Brasil. Para atender à crescente demanda por formação continuada na área da surdez, assumiu a tarefa de implementar o curso de pedagogia bilíngue na modalidade a distância. Atualmente, existem 13 polos de ensino distribuídos por todas as cinco regiões do país, atendendo a um total de 643 alunos. Para realizar essa missão, o INES estabeleceu, em 2015, o Núcleo de Educação Online (NEO). O objetivo do NEO é implementar políticas públicas e apoiar o desenvolvimento de ações que garantam a qualidade educacional e do material didático de EaD (Brasil, 2023).

Evolução e Desafios:

- **Década de 1960**: O ensino predominantemente **oralista** e ineficaz.
- **Década de 1970**: Grandes avanços ocorreram, incluindo o **tratamento para bebês surdos.**
- **Década de 1980**: Foram intensificadas as pesquisas sobre a Libras, além de concentrar-se em estudos sobre metodologias e processos educacionais para surdos. Essas pesquisas culminaram na criação do primeiro curso de especialização para professores que atuam na educação para surdos (Oliveira, 2022).
- **Década de 1990**: Foi uma década marcada por um verdadeiro celeiro de políticas públicas, conforme se verá no capítulo de Políticas Públicas.

Quem é a pessoa/aluno(a) Surdo(a)?

Comumente a surdez está associada à deficiência. No entanto, vários estudiosos se posicionam a favor da surdez como diferença, considerando os contextos culturais e sociais nos quais o sujeito está inserido. Apoiando em Almeida (2015, p. 163), é preciso problematizar "sobre o que é essa deficiência, como ela se constitui na formação do indivíduo inserido na sociedade, quais relações que se dão para seu desenvolvimento e inserção nos espaços sociais, sobretudo educacionais".

As diferentes áreas do conhecimento humano (antropologia, medicina e filosofia) oferecem abordagens diferentes que marcam o lugar da surdez: a perspectiva clínico-terapêutica, na qual a noção de deficiência é central, e a concepção socioantropológica da surdez, baseada na ideia de diferença (Bisol e Sperb, 2010).

4.1 Visão clínico-terapêutica

A abordagem clínica surge na área das ciências médicas e concebe a surdez como uma patologia ou uma falha que necessita de reparos. Sobre essa abordagem, Sá (2002, p. 48) escreve que:

> *[...] Historicamente se sabe que a tradição médico-terapêutico influenciou a definição da surdez a partir do déficit auditivo e da classificação da Surdez (leve, profunda, congênita, pré-linguística, etc.), mas deixou a incluir a experiência da surdez e de considerar os contextos psicossociais e culturais nos quais a pessoa Surda se desenvolve.*

De acordo com Vieira e Freire (2022 *apud* Alpendre, 2008, p. 03), a abordagem clínica está centrada em algumas afirmações e/ou crenças, tais como:

- *A fala é a única manifestação da linguagem;*
- *A ideia de que há uma dependência entre a eficiência oral e o desenvolvimento cognitivo.*
- *A definição do surdo por suas características negativas.*
- *A educação convertida em processos terapêuticos.*
- *O currículo escolar com o objetivo de dar ao sujeito o que lhe falta: a audição e a fala;*
- *Os surdos considerados doentes reabilitáveis;*
- *A pedagogia subordinada aos diagnósticos médicos com práticas de caráter reabilitatório;*
- *As escolas convertidas em clínicas na transformação da criança surda mais em paciente do que em aluno.*

Para pensar:

A pessoa surda ainda é vista pela sociedade em nossos dias sob o olhar clínico? De que forma?

4.2 Visão socioantropológica - Surdez enquanto diferença

Fonte: https://acesse.one/V6vvH
Acesso em: 10 fev. 2024

As discussões e estudos apontam que considerar a pessoa surda como inválida é uma visão desatualizada. O sujeito Surdo na visão socioantropológica é considerado como Ser Humano que não precisa ser testado periodicamente para que a sua surdez seja curada, mas que possui uma Língua natural, reconhecida por Lei (10.436 de 24 de abril de 2002).

A partir da publicação da Lei nº 10.436, em 2002, e da Lei nº 14.191/2021, muitos debates vêm sendo promovidos em direção ao aumento do protagonismo das pessoas surdas em seus processos de ensino e aprendizagem. A forma como o professor enxerga o aluno surdo vai interferir na forma de trabalhar. Se o vê como incapaz, nenhum esforço será envidado para que aprenda, mas se esse aluno for visto como participante de uma cultura diferente, a surda, então haverá um significado todo especial para a constituição do fazer pedagógico.

Enxergar o surdo sob a perspectiva da **diferença** é não valorizar a incapacidade de ouvir. Castro Júnior (2015, p. 15) comenta com sabedoria: "Na realidade, a presença da surdez resulta em uma condição de estar no mundo e não uma doença". Na teorização da anormalidade há a busca pelo oposto: a normalidade, compreendendo-se por "normalidade" o fato de o surdo utilizar a língua oral (LO). O estudioso Santana (2007, p. 23) sobre isso, completa: "Definir o que é normal ou anormal não diz respeito apenas a questões biológicas, mas, principalmente, a questões sociais".

Para pensar:

Sob qual abordagem a escola tem tratado os alunos surdos? Como deve ser o tratamento sob a perspectiva da diferença?

Orientações de Leituras:

ALMEIDA, Wolney Gomes. A educação de surdocegos: novos olhares sobre a diferença. ALMEIDA, Wolney Gomes (org.). **Educação de Surdos:** formação, estratégias e prática docente. Ilhéus: Editus, 2015. Disponível em: https://www.santoandre.sp.gov.br/pesquisa/ebooks/387071.PDF. Acesso em: 30 dez. 2023

BARBOSA, Josilene Souza Lima. **A Tecnologia Assistiva Digital na Alfabetização de Crianças Surdas.** Dissertação (Mestrado em Educação) – Núcleo de Pós-graduação em Educação, Pró-reitoria de Pós-graduação e Pesquisa, Universidade Federal de Sergipe, Sergipe, 2011.

BISOL, Cláudia. SPERB, Tania Mara. Discursos sobre a Surdez: Deficiência, Diferença, Singularidade e Construção de Sentido. **Psicologia:** Teoria e Pesquisa, jan-mar, 2010, vol. 26 n. 1, p. 7-13.

BRASIL. **Decreto nº 5.626, de 22 de dezembro de 2005.** Regulamenta a Lei nº 10.436, de 24 de abril de 2002, que dispõe sobre a Língua Brasileira de Sinais – Libras, e o art. 18 da Lei nº 10.098, de 19 de dezembro de 2000. Presidência da República, Casa Civil. Brasília, 22 de dezembro de 2005. Disponível em: http://www.planalto.gov.br/ccivil_03/_ato2004-2006/2005/decreto/d5626.htm. Acesso em: 13 mar. 2023.

BRASIL. **Aniversário INES:** Instituto Nacional de Educação de Surdos comemora 165 anos. Disponível em https://www.gov.br/ines/pt-br/central-de-conteudos/noticias/ines-comemora-165-anos Acesso em 13 abr. 2024.

CASTRO JÚNIOR, Gláucio de. Cultura surda e identidade: estratégias de empoderamento na constituição do sujeito Surdo In.: ALMEIDA, Wolney Gomes (org.). **Educação de surdos:** formação, estratégias e prática docente. Ilhéus, BA: Editus, 2015. Disponível em: https://www.santoandre.sp.gov.br/pesquisa/ebooks/387071.PDF. Acesso em: 30 dez. 2023

FERNANDES, Sueli. MOREIRA, Laura Ceretta. Políticas de educação bilíngue para surdos: o contexto brasileiro. **Educar em Revista.** Curitiba, Brasil, Edição Especial n. 2/2014, p. 51-69. Editora UFPR. Disponível em: https://www.scielo.br/j/er/a/zJRcjrZgSfFnKpbqTDh7ykK/?format=pdf&lang=pt. Acesso em: 28 out. 2023.

OLIVEIRA, Adriane Silva de Abreu *et al.* Educação Especial: os desafios da inclusão de alunos surdos no contexto escolar. **Revista Educação Pública.** Rio de Janeiro, v. 22, nº 18, 17 de maio de 2022. Disponível em: https://www.redalyc.org/journal/3131/313165836016/html/. Acesso em: 25 dez. 2023.

SÁ, Nídia Regina Limeira de. **Cultura, poder e educação de surdos**. Manaus: Editora da Universidade Federal do Amazonas, 2002.

SANTANA, Ana Paula. **Surdez e linguagem**: aspectos e implicações neurolinguísticas. São Paulo: Plexus, 2007.

VIEIRA, Demóstenes Dantas. FREIRE, Maria Geiza Ferreira. **Da concepção clínico-terapêutica à concepção socioantropológica:** uma reflexão sobre a surdez e sobre a pessoa surda. VII Congresso Nacional de Educação. 2022. Disponível em: https://acesse.dev/N2NJT. Acesso em: 8 fev. 2024.

CAPÍTULO 2:

MÉTODOS DE EDUCAÇÃO PARA SURDOS

1. Contextualização do tema

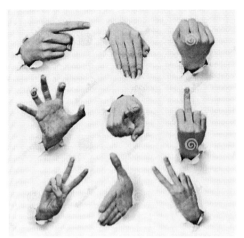

Fonte: https://acesse.one/V6vvH
Acesso em: 10 fev. 2024

A história do Surdo nos mostra como a surdez representou um desafio à sociedade. A princípio, foram negados ao Surdo o direito de Ser Humano. Com o passar dos anos, foi-se incorporando a ideia de humano e constituindo o direito de Pessoa. Ressalta-se que o desenvolvimento da linguagem foi o ponto nevrálgico nesse contexto.

Basicamente duas linguagens participam da vida do Surdo: a linguagem gestual e a língua de sinais.

A **linguagem gestual** foi desenvolvida pelo monge Pedro Ponce de León (1520-1584), na Espanha, século XVI. Ele utilizava as técnicas de datilologia (espécie de representação manual das letras do alfabeto), escrita e oralização, culminando com a criação de uma escola de professores de surdos.

Fonte: https://l1nq.com/Wgha4
Acesso em: 10 fev. 2024

No ano de 1750 o francês Charles Michel de L'Epée criou a **língua de sinais.** Ele defendia que "as pessoas com surdez deveriam ter direito a aprender, independente da condição financeira de sua família, ou seja, ele buscava integrar o surdo na sociedade, não o excluir", nas palavras de Santana (2020, p. 18). L'Epée chegou a transformar sua casa em uma escola pública e teve muito êxito na educação de pessoas surdas. No Brasil, apenas nas décadas de oitenta e noventa, século XX, se iniciou os estudos voltados para a Língua de Sinais pela pesquisadora Lucinda Ferreira Brito, da Universidade Federal do Rio de Janeiro (Ramos e Abrahão, 2018, p. 57).

Ainda no ano de 1750, Samuel Heinick propõe a filosofia educacional que ficou conhecida como Oralista. Então, vários métodos foram buscados para a educação dos surdos. No entanto, a maioria das intervenções direcionadas para esse fim não levaram em consideração os elementos que fazem parte da identidade dos surdos (Santana, 2023, p. 61) a compreensão e abordagem da surdez no contexto educacional refletem as controvérsias e desafios presentes na busca por métodos eficazes de ensino.

2. Objetivo principal deste capítulo:

Explorar e elucidar o panorama que envolve os métodos de ensino que moldaram e continuam a moldar a experiência dos Surdos.

3. Principais pontos de Leitura e Discussão

3.1 Quais os métodos de ensino utilizados na educação de surdos?

Veremos os três métodos de ensino: o oralismo, a comunicação total e o bilinguismo.

3.1.1 Oralismo

O Oralismo começa a ganhar força como abordagem de ensino de surdos, sobretudo após a realização do II Congresso sobre Educação de Surdos, o qual ocorreu em 1880, no Congresso de Milão. Após esse evento, o oralismo é imposto como única forma válida de comunicação dos surdos, inaugurando o "século do silêncio" (expressão nossa) para registrar os cem que foram marcados pela opressão e atraso da língua de sinais sem ser utilizada pela comunidade surda. Sob a análise de Fernandes e Moreira (2014, p. 55): "Uma língua oprimida, uma cultura dizimada, um atraso social que perpetuou o estereótipo de deficiência e incapacidade dos cidadãos surdos, cuja

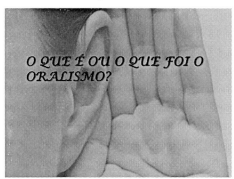

Fonte: https://l1nk.dev/jo9HM
Acesso em: 30 jan. 2024

diferença, até o século XIX, se manifestava prioritariamente em termos linguísticos".

O oralismo teve destaque até 1860, quando William Stokoe publicou um artigo no qual defendia que a Língua de Sinais se constituía em uma língua com as mesmas características das línguas orais. Conforme Santana (2020, p. 21) apregoa: "desse momento em diante outras pesquisas foram publicadas demonstrando a importância da língua de sinais na vida da pessoa com surdez e destacando a insatisfação por parte das pessoas surdas com a abordagem oral".

A abordagem educacional oralista não apresentou resultados satisfatórios. Houve atraso na linguagem, no cognitivo e afetivo para os surdos. Em toda parte, aqueles surdos que não alcançaram o sucesso, conforme a definição dessa abordagem, foram rotulados como fracassados, incapazes e perdedores (Kezio, 2016, p. 172). A Inglaterra mostrou em dados estatísticos: 25% conseguiram articular a fala compreensivelmente, 30% de analfabetos, menos de 10% conseguiram habilidades de leitura adequadas para a idade, e as habilidades de leitura labial foram consideradas somenos, evidenciando desafios na eficácia do método oralista na educação desses indivíduos (Capovilla, 2001, p. 1482 *apud* Kezio, 2016, p. 171).

A didática da fala para surdos na perspectiva oralista continua presente em nossos dias, utilizando, por exemplo, os ciborgues e implantes cocleares.

3.2 Comunicação Total

Fonte: https://l1nk.dev/TkR4U
Acesso em: 30 jan. 2024

Com o fracasso do oralismo, surgiu a comunicação total, ou datilologia do alfabeto manual, no ano de 1978, operando de maneira simultânea com a língua oral e a língua de sinais, referindo-se a essa modalidade comunicativa como bimodalismo. No entanto, o objetivo linguístico central era a aprendizagem da LO, sendo os sinais utilizados apenas como um meio para alcançar essa meta. A prática da comunicação total, conforme defendida por seus adeptos, visava à integração social dos surdos mediante a aceitação da língua de sinais. Seguindo essa abordagem, buscava-se facilitar a inserção do surdo na sua comunidade e proporcionar as condições propícias para seu desenvolvimento psicolinguístico, promovendo assim o conhecimento por meio de um programa escolar eficaz (Machado, 2010, p. 63; Kezio, 2016, p. 173).

A Comunicação Total, uma vez utilizando tanto a fala quanto a língua de sinais simultaneamente, não obteve o desenvolvimento esperado, pois dificultou a aprendizagem dos surdos.

3.3 Bilinguismo

Nasceu na Suécia nos anos 1970 e chegou ao Brasil nos anos 1990. Parte do princípio de que a língua de sinais é a língua natural da pessoa surda, sendo considerada a língua de instrução, Língua Brasileira de Sinais ou L1 e a língua do país onde o surdo reside a L2. Em nosso caso, a língua portuguesa.

A Libras teve o reconhecimento como língua por meio da Lei nº. 10.436/02 no território brasileiro.

Aprender português no contexto de um aluno surdo requer uma abordagem inclusiva que reconheça a importância do bilinguismo, a sensibilização para as especificidades da aquisição da linguagem e o cumprimento das diretrizes educacionais. O objetivo é garantir a qualidade do ensino e o acesso equitativo à educação para todos os alunos, independentemente dos desafios que possam surgir. É fundamental entender que os obstáculos e impedimentos não devem ser vistos como barreiras intransponíveis, mas sim como desafios a serem superados com estratégias adequadas e apoio mútuo.

O Relatório do Grupo de Trabalho, designado pelas Portarias nº 1.060/2013 e nº 91/2013, contendo subsídios para a Política Linguística de Educação Bilíngue –

Fonte: https://l1nk.dev/VwWYZ
Acesso em: 30 jan. 2024

Língua Brasileira de Sinais e Língua Portuguesa (Brasil, 2014, p. 12) aponta caminhos para o avanço da proposta bilíngue. São eles:

- Fortalecer o ensino da Libras científica e técnica, com vistas a prover essa Língua de conhecimentos avançados que possibilitem o desempenho de competências e habilidades no plano nacional.
- Criar condições reais para o avanço da pesquisa contrastiva Libras (L1) – Português escrito (L2) e Português escrito (L2) – Libras (L1), com base em dados científicos e empíricos em vista da elaboração da Gramática Contrastiva Padrão do Português Escrito por Surdos, que sirva de diretriz e parâmetro para a produção escrita dos surdos.
- Criar cursos de formação de Formadores em Português L2, que contemplem abordagens, métodos e técnicas que favoreçam o ensino contrastivo do português para os falantes de Libras. Nenhum método deverá ser assimilador em favor da língua majoritária nacional".

A Lei nº. 14.191/2021 trouxe novos olhares sobre a inclusão da educação bilíngue na LDB. Ao tempo que a transforma em modalidade de ensino também deixa atrelada à educação especial e a inclusão.

De forma resumida, trouxemos o quadro 1 das contribuições legislativas para as comunidades surdas no Brasil.

Quadro 1: Contribuições legislativas para as comunidades surdas no Brasil

Dispositivo	Ano de publicação	Interesse
Constituição Federal	1988	Assegura o atendimento de pessoas com deficiência no ensino regular.
Lei nº 8.160	1991	Dispõe sobre um símbolo que permita a identificação de pessoas portadoras de deficiência auditiva.
Decreto nº 3.298	1999	Dispõe sobre a Política Nacional para a Integração da Pessoa Portadora de Deficiência e consolida as normas de proteção.
Lei nº 10.098	2000	Aumento da acessibilidade em programas de televisão com a inclusão de janelas de intérpretes de Libras e legendagem.

Resolução CNE/CEB nº 02	2001	Diretrizes Nacionais para a Educação Especial na Educação Básica.
Decreto nº 3.956	2001	Convenção Interamericana para a Eliminação de todas as formas de discriminação contra as pessoas portadoras de deficiência
Lei nº 10.436	2002	Reconhece a Libras como a Língua de instrução e comunicação dos surdos. Inclui a Libras nos cursos de Educação Especial, Magistério e Fonoaudiologia
Portaria MEC nº 3.284	2003	Assegura aos portadores de deficiência física e sensorial condições básicas de acesso ao ensino superior, de mobilidade e de utilização de equipamentos e instalações das instituições de ensino.
Lei nº 10.845	2004	Programa de Complementação ao Atendimento Educacional Especializado a pessoa com deficiência.
Decreto nº 5.296	2004	Regulamenta as Leis nº 10.048, de 8 de novembro de 2000, e 10.098, de 19 de dezembro de 2000, estabelecendo normas gerais e critérios básicos para a promoção da acessibilidade das pessoas portadoras de deficiência ou com mobilidade reduzida.
Decreto nº 5.626	2005	Regulamenta a Lei nº 10.436/2002, distinguindo a surdez da deficiência auditiva. A surdez é entendida sob um ponto de vista social.
Lei nº 11.796	2008	Dia Nacional dos Surdos comemorado em 26 de setembro.
Decreto nº 6.571	2008	Dispõe sobre o Atendimento Educacional Especializado – AEE.
Lei nº 12.319	2010	Regulamenta a profissão de tradutor e intérprete.
Decreto nº 7.611	2011	Orienta que seja seguido o Decreto 5.626/2005 para a organização do ensino de surdos e estimula a formação continuada de docentes para atuarem com estudantes surdos.

Lei nº 13.005	2014	Aprova o Plano Nacional de Educação - PNE e dá outras providências. Art. 7º A União, os Estados, o Distrito Federal e os Municípios atuarão em regime de colaboração, visando ao alcance das metas e à implementação das estratégias objeto deste Plano.
Lei nº 13.005	2014	Comemoração do Dia Nacional da Libras, celebrado em 24 de abril.
Lei nº 13.146	2015	É instituída a Lei Brasileira de Inclusão da Pessoa com Deficiência (Estatuto da Pessoa com Deficiência. Essa lei determina o ensino bilíngue para as pessoas surdas, com o ensino de Libras como L1 e português como L2.
Decreto nº 9.508	2018	Garante a vídeo prova em Libras, devido às divergências referentes ao art. 4º, em seu parágrafo único da Lei 10.436 de 2002, que afirma que a Libras não pode substituir a modalidade escrita da Língua Portuguesa.
Decreto nº 10.502	2020	Decreto considerado inconstitucional porque ameaça a Educação Inclusiva no Brasil ao defender a matrícula de crianças e adolescentes com deficiência em classes e instituições especializadas, segregando esses estudantes.
Lei 14.191	2021	Inclui o ensino bilíngue na LDB, devendo se estabelecer desde o nascimento, permanecendo ao longo da vida dos estudantes surdos.

Fonte: Gomides *et al.* (2022, p. 9-10) com atualização dos autores deste livro

Para pensar:

O Aluno Surdo está matriculado na escola regular sob a égide da educação inclusiva. No entanto, "...vivencia uma falsa inclusão escolar, pois não tem uma comunicação proveitosa em sala de aula e sofre, assim, efeitos contrários aos propostos pelas políticas de educação inclusiva", de acordo Morais (2018, p. 15).

Que mudanças se observa na educação de surdos após a inclusão do ensino bilíngue na LDB como modalidade de ensino?

Orientações de Leituras:

BRASIL. **Relatório sobre a Política Linguística de Educação Bilíngue – Língua Brasileira de Sinais e Língua Portuguesa:** Grupo de Trabalho, designado pelas Portarias nº 1.060/2013 e nº 91/2013 do MEC/SECADI. Brasília, DF MEC/SECADI, 2014. Disponível em: https://educacao.sme.prefeitura.sp.gov.br/wp-content/uploads/Portals/1/Files/20282.pdf. Acesso em: 3 fev. 2024.

FERNANDES, Sueli. MOREIRA, Laura Ceretta. Políticas de educação bilíngue para surdos: o contexto brasileiro. **Educar em Revista**, Curitiba, Brasil, Edição Especial n. 2/2014, p. 51-69. Editora UFPR Disponível em: https://www.scielo.br/j/er/a/zJRcjrZgSfFnKpbqTDh7ykK/?format=pdf&lang=pt. Acesso em: 28 out. 2023.

GOMIDES *et al.* **Surdez, educação de surdos e bilinguismo**: avanços e contradições na implantação da Lei nº 14.191/2021. Revista Sinalizar, Goiânia, 2022, v.7

KEZIO, Gérison Fernandes Lopes. **Oralismo, comunicação total e bilinguismo**: propostas educacionais e o processo de ensino e aprendizagem da leitura e da escrita de surdos. Anais do I Colóquio Internacional de Letras – UFMA

MACHADO, Lucyenne Matos da Costa Vieira. Ser Bilíngue: Estratégias de Sobrevivência dos Sujeitos Surdos na Sociedade Contemporânea. *In*: VIEIRA, Lucyenne Matos da Costa; LOPES, Maura Corcini (orgs.). **Educação de Surdos:** Políticas, Língua de Sinais, Comunidade e Cultura Surda. 1ª ed. Santa Cruz do Sul: EDUNISC, 2010.

MORAIS, E. (2021). Educação bilíngue para surdos: desafios e possibilidades. **Revista Pós Ciências Sociais,** Vol. 18, (Nº. 35), p. 60-79.

SANTANA, Ana Paula. **Surdez e linguagem**: aspectos e implicações neurolinguísticas. São Paulo: Plexus, 2007.

SANTANA, Ariane de Matos; SANTANA, Ataide de Matos. Alfabetização e Letramento de Surdos: Apropriação ao Sistema de Escrita Alfabética. In: SANTOS, Wasley de Jesus; BENEVIDES, Silvia Lucia Lopes (Orgs.). **Caminhos da Escolarização de Surdos**: Política, Linguagem e Educação. 1ª ed. Curitiba: Bagai, 2023.

CAPÍTULO 3:

APROPRIAÇÃO DA LEITURA E ESCRITA DA LÍNGUA PORTUGUESA COMO L2

1. Contextualização do tema

Crianças surdas adquirem a língua portuguesa em período análogo à aquisição da linguagem em crianças ouvintes, adquirindo uma língua oral-auditiva. As crianças com acesso a língua de sinais desde muito cedo, desfrutam da possibilidade de adentrar o mundo da linguagem com todas as suas nuanças. Essas conclusões foram feitas por estudos começados nos anos 90 (Karnopp, 1994; Quadros, 1995; Quadros; Schmiedt, 2006, p. 20).

Reflexões feitas por estudiosos da área de surdez (Skliar, 2010; Alves *et al.*, 2015, p. 38) apontam dois fatores que resultam no fracasso educacional dos surdos: a falta de acesso à Língua Brasileira de Sinais e um processo demorado de identificação com outros surdos. Esse fracasso é constatado pelo número de analfabetos, sem acesso ao Ensino Superior e qualificação profissional, sem conhecer ao menos sua língua.

Nesse sentido, entender como os alunos surdos se apropriam da leitura e escrita em Língua Portuguesa como L2 é de fundamental importância para o sucesso acadêmico desses sujeitos.

2. Objetivo principal deste capítulo:

Compreender como acontece a aquisição da leitura e escrita da Língua Portuguesa como L2 com alunos surdos, tendo em vista a aplicabilidade em sala de aula.

3. Principais pontos de leitura e discussão:

3.1 Língua de sinais

Libras é língua de aquisição da linguagem (L1); foi a sigla criada por um grupo de estudos linguísticos que participou da regulamentação da língua para pessoas surdas do Brasil.

É instituída pela Lei nº 10.436/2002 e posteriormente regulamentada pelo Decreto nº 5.626/2005. Ficou conhecida como a lei dos surdos, pois a partir dela houve maior visibilidade no país, com diversas ações de torná-la mais acessível.

Sobre a importância da L1, Lopes, Alves e Jesus (2023, p. 36) afirmam: "Fazer o educando surdo estudar uma língua diferente da sua língua natural como primeira língua, é negar sua existência, oprimir e descriminar".

É impraticável falar em L2 sem abordar a L1, tendo em vista que Libras é a língua de instrução, língua natural dos surdos. Tão importante que Lopes, Alves e Jesus (2023, p. 39) propõem o ensino da Libras para os estudantes surdos, ouvintes e todos que compõem a rede escolar.

3.2 Apropriação da leitura e escrita em L2

Para que o aluno surde se aproprie da Língua Portuguesa é necessário conhecimento de como o aluno surdo aprende, desde suas especificidades linguísticas até a escolha de metodologias, recursos didáticos e avaliação.

A princípio, os textos precisam, segundo Salles (2004, p. 115):

- ser autênticos, sempre que possível;
- conter temas relacionados à experiência dos aprendizes, levando a um maior envolvimento pessoal e provocando reações e manifestações;
- estar associados a imagens - a boa opção seria artigos de revistas e jornais, que costumam estar ilustrados, bem como propagandas.

Então, além do domínio da Libras, é importante que a aula seja permeada da linguagem visual-espacial, trazendo aspectos pragmáticos, sociolinguísticos e culturais.

Algumas opções metodológicas são:

3.2.1 Metodologias criativas

Fonte: https://l1nk.dev/kSJbh
Acesso em: 31 jan. 2024.

Silva e Costa (2018) optam pela **criatividade** no processo da escrita do aluno surdo para adquirir a L2.

Um planejamento pedagógico eficiente não apenas proporciona oportunidades para inovações na prática educacional, com vista à compreensão e participação ativa dos estudantes surdos.

3.3.2 Pedagogia visual

Fonte: https://l1nk.dev/8Jmfn
Acesso em: 01 fev. 2024

A pedagogia visual, ou literatura visual, centrada no uso da visão em detrimento da audição, assume uma abordagem essencialmente voltada para a linguagem visual-espacial, como é o caso da Língua Brasileira de Sinais (Libras). Diante dessa perspectiva, Campello (2008) destaca a expressão facial como um dos elementos fundamentais do "texto visual" que merecem consideração.

Expressão Facial

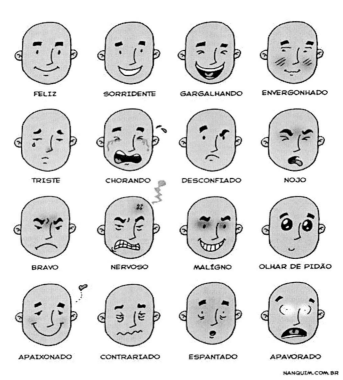

Fonte: https://acesse.one/jdtez
Acesso em: 01 de fev. 2024.

Em primeiro lugar, a expressão facial emerge como um componente crucial para conferir significado aos sinais da Libras. A ausência ou inadequação de expressão facial ao utilizar a língua de sinais pode resultar em equívocos na comunicação, uma vez que os surdos utilizam a Libras envolvendo todo o corpo, tornando sua comunicação viso-gestual e capaz de gerar diversas formas de apreensão, interpretação e narração do mundo a partir de uma cultura visual única, conforme Campello (2008, p. 205)

3.3.3 Contação de histórias em língua de sinais (linguagem visual-espacial)

A contação de histórias em língua de sinais emerge como uma prática valiosa. A utilização de filmagem é ressaltada, pois, segundo o autor, as representações fixadas em papel podem limitar as expressões da imagem, comprometendo a transmissão de pequenos até grandes detalhes.

Literatura Surda

A Literatura Surda consiste em produções literárias que têm a língua de sinais, bem como a identidade e a cultura surda presentes nos textos e/ou nas imagens (Murta, Soza e Martins, 2023, p. 17)

Há uma variedade imensa de literatura surda.

Disponível em: https://www.bing.com/images/search?q=literatura+surda&qs=n&form=QBIDMH&sp=-1&ghc=1&lq=0&pq=literatura+surda. Acesso em: 14 abr. 2024

Uma das principais características da literatura surda é o registro do mundo surdo, por meios escritos ou visuais. Pode ser realizada por ouvintes, mas que estejam envolvidos na divulgação dos artefatos da comunidade surda.

Compõem a literatura surda, segundo Murta, Soza e Martins (2023, p. 17).

- Textos literários em sinais;
- Textos que traduzem a experiência visual;
- Textos que concebem a surdez não como a ausência de algo, mas como a presença de algo;
- Textos que possibilitam diferentes representações de surdos e textos que considerem as pessoas surdas como um grupo linguístico-cultural. Na contação de histórias, pode-se recorrer à Literatura em Libras.

Para busca de Contos de Fada em Libras disponibilizamos o Endereço: https://tinyurl.com/bdz69hhc. Acesso em: 14 abr. 2024.

Devido a grande variedade de livros que há em termos de literatura surda, traremos alguns considerados clássicos para exemplificação:

- **A Cigarra Surda e as Formigas**

O livro é escrito por duas professoras de surdos, Carmem Oliveira e Jaqueline Boldo, uma ouvinte e a outra surda, respectivamente. Apresenta como tema a importância da amizade entre surdos e ouvintes

O texto é escrito em Português, escrita de Sinais e Libras desenhada.

Na apresentação do livro, uma das autoras enfatiza que essa história foi fruto do trabalho realizado em sala de aula, onde houve uma apresentação teatral por crianças surdas, em Libras, e também a produção do texto em SignWriting e na língua portuguesa.

Esse livro foi produzido manualmente e as ilustrações foram realizadas por um aluno. Apresenta três possibilidades de leitura:

a) através da língua portuguesa,

b) através do desenho do sinal,

c) através da escrita do sinal (SignWriting).

Em "A cigarra e as formigas" a escrita dos sinais não está totalmente legível, provavelmente por ter sido produzido manualmente. Além disso, nas páginas ímpares, há ilustrações que remetem ao desenvolvimento da história (ver site da UFSC Libras para conferir essa informação).

Título: A cigarra surda e as formigas

Autor: Ana Oom

Disponível em PDF: https://tinyurl.com/3yr532xz

Acesso em: 14 abr. 2024.

E-book ilustrado disponível em https://tinyurl.com/3myc93kn

- **Tibi e Joca - Uma História de dois Mundos**

O livro conta a história de Joca, um menino especial, e o seu amigo Tibi. Joca é surdo, nascido em uma família de pais ouvintes. Todos passaram por momentos difíceis, sem saber como se comunicar, até que passam a usar a língua de sinais.

Na apresentação lemos:

"Esta história de um menino surdo é parecida com a de muitas outras crianças que nasceram ou ficaram surdas. Dúvidas, desespero, culpa, acusações, sofrem os pais. Solidão, um imenso sem-sentido, um mundo que teima em não se organizar, sobre a criança. O que fazer?"

O texto é abundantemente enriquecido com ilustrações. Além de apresentar a narrativa na língua portuguesa, existe um personagem que atua como tradutor, destacando as palavras-chave em cada página. Isso permite que os usuários de Libras acompanhem a história de maneira eficaz.

Título: Tibi e Joca - Uma História de Dois Mundos
Autor: Cláudia Bisol
Disponível em PDF: https://pt.scribd.com/document/638571115/Tibi-e-Joca-Uma-Historia-de-Dois-Mundos-Claudia-Bisol-Surdez
Acesso em: 14 abr. 2024.
Disponível no Youtube em: https://youtu.be/OiO6X_zL_w8

- **O Patinho Surdo**

"O Patinho Surdo" é um livro envolvente que narra a jornada de autodescoberta de um patinho surdo, nascido em uma família de patos ouvintes. A narrativa ganha vida quando o patinho se depara com outros patos surdos e aprende a Língua de Sinais da Lagoa, um marco crucial que o ajuda a entender sua própria história.

A obra destaca as diferenças linguísticas existentes tanto no âmbito familiar quanto na sociedade em geral, ressaltando a importância do intérprete como facilitador da comunicação entre surdos e ouvintes.

As ilustrações monocromáticas adicionam uma dimensão visual única à história, enquanto um glossário inclusivo no final do livro serve como um recurso valioso para os leitores. Este livro não apenas conta uma história, mas também promove a conscientização e a compreensão sobre a comunidade surda.

Título: O Patinho Surdo
Texto e adaptação: Márcia Honora e Mary Lopes
Disponível em PDF: https://tinyurl.com/7hn84hhc
Acesso em: 14 abr. 2024.
Disponível no Youtube em: https://youtu.be/jsX47oq-F3o
Acesso em: 14 abr. 2024.

- **Cinderela Surda**

"Cinderela Surda" é uma releitura do clássico "Cinderela" que mergulha na cultura e identidade surda. Apresentado em versão bilíngue, o texto é disponibilizado em português e na linguagem de sinais (signwriting), com ilustrações que ressaltam expressões faciais e sinais, realçando elementos visuais cruciais. Cada página do livro combina ilustrações que acompanham a história em ambas as línguas. A adaptação para a cultura surda transforma os personagens principais em surdos, refletindo desafios reais enfrentados pela comunidade surda, como a falta de comunicação. Por exemplo, na trama, Cinderela e o Príncipe são surdos, e a perda de uma luva substitui o famoso sapato de cristal, simbolizando as mãos, uma ferramenta crucial na comunicação para pessoas surdas em todo o mundo. Esta história é uma excelente ferramenta para abordar questões de identidade, literatura e cultura surda em classes inclusivas e entre crianças surdas, destacando ainda a importância do aprendizado da língua de sinais, como a Libras no Brasil.

Além disso, "Cinderela Surda" é o pioneiro na literatura infantil brasileira a ser escrito em língua de sinais[3]. Essa inovadora releitura é acompanhada pela representação dos sinais (SW), ilustrações e uma versão em português.

Título: Cinderela Surda
Autores: Carolina Hessel, Fabiano Rosa e Lodenir Karnopp
Disponível em PDF: https://tinyurl.com/ytn94987
Acesso em: 14 abr. 2024.
Disponível no Youtube em: https://youtu.be/QP9AGMPQCOk
Acesso em: 14 abr. 2024.

- **Rapunzel Surda**

"Rapunzel Surda" destaca a complexidade da aquisição da linguagem e a diversidade intrínseca nas línguas de sinais. A história começa com o nascimento de uma menina que é imediatamente raptada por uma bruxa malévola. Ela passa a maior parte de sua vida escondida do mundo, confinada em uma torre isolada. Esta narrativa serve como uma metáfora poderosa para a jornada de aprendizado e descoberta que acompanha a aquisição de uma nova língua, especialmente uma língua de sinais.

Título: Cinderela Surda

Autores: Carolina Hessel, Fabiano Rosa e Lodenir Karnopp

Disponível em PDF: https://tinyurl.com/ytn94987

Acesso em: 14 abr. 2024.

Disponível no Youtube em: https://youtu.be/6rbY56cuI_A

Acesso em: 14 abr. 2024.

3.3.4 Sistema SignWriting *ou* Literatura em Libras escrita

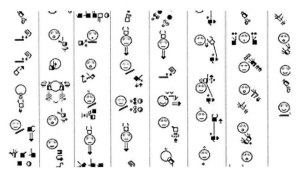

A língua portuguesa pode ser na modalidade falada ou escrita. De igual forma a Libras também existe em duas modalidades, sinalizada e escrita. A literatura surda em língua de sinais se realiza, normalmente, na modalidade sinalizada, mas se desenvolve também em Libras escrita também chamada de SignWriting.

São raras as produções literárias que utilizam o SignWriting e ainda mais raras as escolas que incluem a escrita de sinais em seus currículos.

Também há poemas em Libras, criados como literatura surda e escritos em SignWriting, como os poemas dos artistas Maurício Barreto e Kácio Evangelista.

Dallan, Stumpf e Mascia (2018) propõem a visualidade das letras e dos números com a datilologia em *SignWriting* por meio de dois recursos didáticos: mural e crachás com os nomes dos alunos com o sinal grafado em *SignWriting* (primeira coluna) e em português (segunda coluna). Sugerem ainda ensinar o sistema *SignWriting* aos pais, tendo em vista que são fonte de comunicação com os filhos.

A construção do símbolo escrito do nome de cada aluno em escrita de sinais é uma atividade que deve ser proposta para todos os alunos que ainda não tenham feito essa construção, não importa a idade (Dallan, Stumpf e Mascia, 2018, p. 163).

Livros no formato PDF ou livros físicos com o sistema *SignWriting*:

Encontramos vários livros bilíngues, escritos em português e libras. Ramos, Abrahão (2018) oferecem várias sugestões no formato PDF ou livros físicos com o sistema *SignWriting*:

Disponível em: https://pt.scribd.com/document/573189480/Florestalizando-O-conto-das-arvores Acesso em: 14 abr. 2024

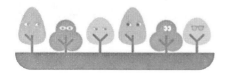

FICHA TÉCNICA	
Título	De Onde Vem a Alegria?
Autor	Flávio Colombini
Tradução	Miguel de Castro / Sirlene Leal
Ano	2022
Formato	PDF (Gratuito)

Disponível em: https://livrariapublica.com.br/livros/de-onde-vem-a-alegria-flavio-colombini/#pdf

Acesso em: 14 abr. 2024

FICHA TÉCNICA	
Título	Boa Noite, Zoológico
Autor	Flávio Colombini
Tradução	Miguel Castro e Sirlene Leal
Ano	2022
Formato	PDF (Gratuito)

Disponível em: https://livrariapublica.com.br/livros/de-onde-vem-a-alegria-flavio-colombini/#pdf

Acesso em: 14 abr. 2024.

FICHA TÉCNICA	
Título	A Saga do Surdo
Autores	Maria Alice Floriano Franco
Tradução	Jefferson Diego de Jesus
Ano	2021
Formato	Livro físico

Disponível em: https://www.skoob.com.br/livro/pdf/a-saga-do-surdo/livro:11783781/edicao:11789667 Acesso em: 14 abr. 2024

FICHA TÉCNICA	
Título	Os irmãos João e Maria e a aventura em busca de uma escola de surdos
Autores	Francielle Cristina Lopes / Renan de Bastos Andrade / Rosangela Jovino Alves
Tradução	Daniele Miki Fujikawa Bózoli
Ano	2021
Formato	PDF (Gratuito)

Disponível em: https://editora.unifatecie.edu.br/index.php/edufatecie/catalog/view/50/43/58.
Acesso em: 14 abr. 2024.

FICHA TÉCNICA	
Título	O Elefante em Apuros
Autor	Flávio Colombini
Tradução	Miguel de Castro / Sirlene Leal
Ano	2021
Formato	PDF (Gratuito)

Disponível em: https://www.saraiva-conteudo.com.br/baixar-livro-os-misterios-do-jardim-de-mimi-e-lulu-livro--bilingue-portuguesescrita-na-lingua--de-sinais-alessandra-ayres-pdf

Acesso em: 14 abr. 2024

FICHA TÉCNICA	
Título	A lenda e as histórias de Ana Jansen
Autores	Beto Nicácio / Nádia Nicácio
Tradução	Rubens Ramos de Almeida
Ano	2021
Formato	PDF (Gratuito)

Disponível em: https://drive.google.com/file/d/1Z7-lPj2uHGqnbE7g-Fm8HaEXUrmH0jFgY/view

Acesso em: 14 abr. 2024

FICHA TÉCNICA

Título	O Feijãozinho Surdo
Autora	Liège Gemelli Kuchenbecker
Tradução	Erika Vanessa de Lima Silva / Ana Paula Gomes Lara
Ano	2009
Formato	Livro físico

Disponível em: https://www.porsinal.pt/index.php?ps=biblioteca&idt=liv&cat=40&idbib=886.
Acesso em: 14 abr. 2024

FICHA TÉCNICA

Título	Os mistérios do jardim de Mimi e Lulu: Livro bilíngue Português/Escrita na Língua de Sinais
Autora	Alessandra Ayres
Tradução	Sonia Therezinha Messerschmidt
Ano	2018
Formato	E-book Kindle

Disponível em: https://cursocompletodepedagogia.com/livro-o-elefante-em-apuros-flavio-colombini-pdf/
Acesso em: 14 abr. 2024

FICHA TÉCNICA	
Título	Uma Menina Chamada Kauana
Autora	Karin Lilian Strobel
Tradução	Marianne Rossi Stumpf
Ano	1995 (sem SW) / 1997 (com SW)
Formato	PDF (Gratuito)

Disponível em: https://pt.scribd.com/document/624701531/A-Lenda-e-as-Historias-de-Ana-Jansen

Acesso em: 14 abr. 2024

FICHA TÉCNICA	
Título	Negrinho e Solimões
Autora	Tatyana Sampaio Monteiro
Tradução	Madson Barreto / Raquel Barreto
Ano	2014
Formato	PDF (Gratuito)

Disponível em: https://cadaencontroumconto.paginas.ufsc.br/2021/07/12/rapunzel-surda-literatura-surda-em-libras/.

Acesso em: 14 abr. 2024

FICHA TÉCNICA

Título	A onda coreana me pegou no isolamento
Autora / Tradução	Daniela Gomes Gumiero
Ano	2020
Formato	PDF (Gratuito)

Disponível em: https://repositorio.ufsc.br/handle/123456789/227820

Acesso em: 14 abr. 2024

FICHA TÉCNICA

Título	Rapunzel Surda
Autores / Tradução	Carolina Hessel Oliveira / Lodenir Becker Karnopp / Fabiano Rosa
Ano	2011 (2ª edição) 2003 (1ª edição)
Formato	Livro físico

Disponível em: https://pt.scribd.com/document/654521305/sw1284-BR-A--Onda-Coreana-Me-Pegou-No-Isolamento-Daniela-Gumiero-Josenilson--Mendes-2021

Acesso em: 14 abr. 2024

Disponível em: https://www.signwriting.org/archive/docs1/sw0063-BR-LivRinHo.pdf
Acesso em: 14 abr. 2024

Disponível em: https://repositorio.ufsc.br/handle/123456789/227710
Acesso em: 14 abr. 2024

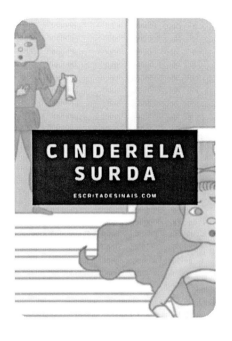

FICHA TÉCNICA

Título	Cinderela Surda
Autores / Tradução	Carolina Hessel Oliveira / Lodenir Becker Karnopp / Fabiano Rosa
Ano	2011 (3ª edição) 2007 (2ª edição) 2003 (1ª edição)
Formato	Livro físico

Disponível em: https://cadaencontroumconto.paginas.ufsc.br/2021/10/22/cinderela-surda--literatura-surda-em-libras/
Acesso em: 14 abr. 2024

Título	Vamos ficar em casa!
Autores / Tradução	Daniela Gomes Gumiero / Josenilson da Silva Mendes
Ano	2020

Disponível em: https://repositorio.ufsc.br/handle/123456789/227711
Acesso em: 14 abr. 2024

3.3.5 Poemas em Libras

Há poemas em Libras, criados como literatura surda e escritos em *SignWriting*, a exemplo da poesia concreta em Libras.

A Poesia Concreta em Libras apresenta um tipo de linguagem artística que coordena palavra e visualidade. A seguir temos duas ilustrações de Poesia Concreta:

- Poema *Concreta em Libras* de Marcos Alexandre Marquioto e Ricardo Oliveira Barros.

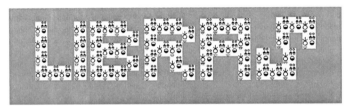

Fonte: (Marquioto, 2023, p. 5).

- **Poema "Ser"** do cearense Kácio de Lima Evangelista

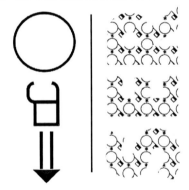

Kácio de Lima Evangelista é poeta e professor. A estética poética dele é variada, apresentando estilo de poemas em verso e poesia.

Fonte: (Marquioto, 2023, p. 91).

3.3.6 Literatura Visual (VV)

A literatura visual é uma categoria de literatura que dá prioridade às imagens visuais, especialmente às produções não verbais.

Assim, os teatros sem palavras e a mímica, os livros de imagem, os gibis e as histórias em quadrinhos fazem parte também da literatura visual.

Temos alguns exemplos de Literatura Visual citados por Marquioto (2023, p. 49).

Um exemplo é a poesia da alemã, Katie, que compôs *Tsunam*, expressando com alta precisão a descrição de uma cena no canal do YouTube.

Disponível em: https://www.youtube.com/watch?v=HGhzCqXizHc.

O poeta brasileiro, surdo, Gustavo Gusmão (imagem ao lado esquerdo), que vem se apresentando como um *expert* de Visual Vernacular, numa *live* de *Instagram* disponível no perfil @ciacs.artes, ou pelo link: https://www.instagram.com/tv/CB_VJzkpesU/.

Outro exemplo de Visual Vernacular é da poetisa Rosani Suzin (imagem ao lado direito), que compôs uma homenagem para o curso de Letras Libras, usando a configuração de mãos com os sinais de "Letras" e "Libras".

4. Atendimento Educacional Especializado (AEE) sob a proposta da inclusão

Amparado pela Lei de Diretrizes e Bases da Educação Nacional (LDB) de nº 9.394/96 no Art. 60-A, § 1º, quando diz:

"Haverá, quando necessário, serviços de apoio educacional especializado, como o atendimento educacional especializado bilíngue, para atender às especificidades linguísticas dos estudantes surdos".

O planejamento do Atendimento Educacional Especializado em Libras deve ser realizado pelo professor especializado, em colaboração com os professores da turma regular e os docentes de Língua Portuguesa, dada a semelhança entre os conteúdos abordados e desenvolvidos na sala de aula convencional (Damázio, 2007).

Fonte: https://www.riogrande.rs.gov.br/smed/wp-content/uploads/2019/11/20191113-ped-sao_joao-image11.jpg. Acesso em: 01 fev. 2024.

O objetivo primordial da sala de AEE é contribuir para a aprendizagem de disciplinas, valores, habilidades e competências fundamentais para a continuidade dos alunos surdos nos estudos e sua inserção no mercado de trabalho. Esses estímulos devem ser organizados e adequados às necessidades educacionais dos alunos para enriquecer os diversos conteúdos didáticos, destacando-se a importância da criatividade e variedade para impactar positivamente o aprendizado.

"A troca entre os docentes agrega conhecimentos, pontos de vista, multiplicidade de estratégias e resulta em produções mais criativas, úteis e interessantes. Atividades que resultam do planejamento de uma equipe se tornam mais completas, pois cada um traz um pouquinho da sua experiência, das vivências de seus alunos, das dificuldades enfrentadas, e estratégias adotadas. Nessas discussões, produzem-se novos jeitos de ensinar, de diversificar atividades, a partir do uso de recursos como vídeos, imagens/formas etc. e também de diferentes espaços da escola, e para além dela, como laboratórios, biblioteca, pracinhas, passeios, visitas, entre outros", de acordo Alberton (2023, p. 103)

Para pensar:

Como é a formação para professores do AEE sob a perspectiva da educação bilíngue para surdos?

Orientações de Leituras:

ALVES, Francislene Cerqueira *et al.* Educação de Surdos em Nível Superior: desafios vivenciados nos espaços acadêmicos. ALMEIDA, Wolney Gomes (org.). **Educação de Surdos:** formação, estratégias e prática docente, Ilhéus: Editus, 2015. Disponível em https://www.santoandre.sp.gov.br/pesquisa/ebooks/387071.PDF. Acesso em: 30 dez. 2023

BENEVIDES, Silvia Lucia Lopes. (Orgs.). *In.*: **Caminhos da escolarização de surdos**: política, linguagem e educação. Curitiba: Bagai, 2023. p. 29-55BRASIL. Ministério da Educação. **Base Nacional Comum Curricular**. Brasília, 2018. Disponível em: http://basenacionalcomum.mec.gov.br/abase/#fundamental/a--area-de-linguagens. Acesso em: 06 fev. 2024.

BRASIL. **Lei nº 10.436, de 24 de abril de 2002.** Dispõe sobre a Língua Brasileira de Sinais - Libras e dá outras providências. Diário Oficial da União, Brasília, DF, 25 abr. 2002. Disponível em: http://www.planalto.gov.br/ccivil_03/_Ato2007-2010/2010/Lei/L12319.htm. Acesso em: 17 fev. 2023.

BRASIL. **Decreto nº 5.626, de 22 de dezembro de 2005.** Regulamenta a Lei nº 10.436, de 24 de abril de 2002, que dispõe sobre a Língua Brasileira de Sinais – Libras, e o art. 18 da Lei nº 10.098, de 19 de dezembro de 2000. Presidência da República, Casa Civil. Brasília, 22 de dezembro de 2005. Disponível em: http://www.planalto.gov.br/ccivil_03/_ato2004-2006/2005/decreto/d5626.htm. Acesso em: 13 mar. 2023.

CAMPELLO, Ana Regina e Souza. **Aspectos da visualidade na educação de surdos**. (tese de doutorado). Doutorado em Educação. Universidade Federal de Santa Catarina, Florianópolis, 2008.

DALLAN, Maria Salomé Soares. STUMPF, Rassi Marianne. MASCIA, Márcia Aparecida Amador. Cenas de letramento dm sinais: algumas experiências do uso da escrita *signwriting* na educação bilíngue de surdos. In.: SILVA, Ivani Rodrigues. Marília P. Marinho. (orgs.). **Letramento na Diversidade**: surdos aprendendo a ler/escrever. São Paulo: Mercado de Letras, 2018.

DAMÁZIO, Mirlene Ferreira Macedo. **Atendimento Educacional Especializado**: Pessoa com Surdez. SEESP / SEED / MEC. Brasília, 2007. Disponível em http://portal.mec.gov.br/seesp/arquivos/pdf/aee_da.pdf. Acesso em: 02 fev. 2024.

KARNOPP, Lodenir. HESSEl, Carolina. **Metodologia da Literatura Surda.** Universidade Federal de Santa Catarina. Florianópolis, 2009.

LOPES, Angélica Sílvia de Jesus. ALVES, Marcela Oliveira Souza. JESUS, Silvana Alves Silva de. A inclusão da Libras na educação básica: uma abordagem investigativa no ensino fundamental em Ubaíra e Santo Antônio de Jesus/Bahia. *In*: SANTOS, Wasley de Jesus. BENEVIDES, Silvia Lucia Lopes (org.). **Caminhos da Escolarização de Surdos**: Política, Linguagem e Educação. 1. ed. Curitiba: Bagai, 2023.

MARQUIOTO, Marcos Alexandre. **Poesia concreta em Libras**: Uma proposta de tradução intralingual e interlingual. (Mestrado em Estudos da Tradução). Universidade Federal de Santa Catarina. Florianópolis, 2023.

MURTA, Michelle Andrea. SOZA, Isabelle Cornelio Balbi. MARTINS, Dinalva Andrade. **Literatura Surda:** diversidade de cenários. *In*.: MIRANDA, Dayse Garcia. PINHEIRO, Rodrigo. FREITAS, Carlos Luciana (org.). **Educação de Surdos:** reflexões e práticas. Curitiba: CRV, 2023. p. 17-26.

QUADROS, Ronice Müller de. SCHMIEDT, Magali L. P. **Ideias para ensinar português para alunos surdos.** Brasília: MEC, SEESP, 2006.

RAMOS, Danielle Cristina Mendes Pereira. ABRAHÃO, Bruno. Literatura surda e contemporaneidade: contribuições para o estudo da visual vernacular. **Pensares em Revista**, São Gonçalo: RJ, n. 12, p. 56-75, 2018.

SALLES, Heloisa Maria Moreira Lima *et al*. **Ensino de língua portuguesa para surdos:** caminhos para a prática pedagógica. Brasília: MEC, SEESP, 2004.

SILVA, Marília da Piedade Marinho. COSTA, Mary Lúcia Marinho. A escrita do surdo e a contribuição da criatividade aplicada. *In*: SILVA, Ivani Rodrigues. Marília P. Marinho. SILVA, Marília da Piedade Marinho (orgs.). **Letramento na Diversidade**: surdos aprendendo a ler/escrever. São Paulo: Mercado de Letras, 2018. p. 227-266.

SKLIAR, Carlos. **As diferenças e as pessoas surdas:** Las diferencias y las personas sordas**. 2010.** Disponível em: https://seer.ines.gov.br/index.php/revista-forum/article/view/426/420. Acesso em: 20 maio 2023.

CAPÍTULO 4:

POLÍTICAS PÚBLICAS DE EDUCAÇÃO BILÍNGUE PARA SURDOS

1. Contextualização do tema

A educação pública, gratuita e acessível ao brasileiro começou com a "educação para todos", afirmada inicialmente pela Declaração Universal dos Direitos Humanos, promulgada pela Resolução nº 217, na III Assembleia Geral das Nações Unidas, em 10 de dezembro de 1948. Ela descreve em seu art. 26, item 1 (ONU, 1948): "Toda a pessoa tem direito à educação. A educação deve ser gratuita, pelo menos a correspondente ao ensino elementar fundamental. O ensino elementar é obrigatório." Então, se é toda pessoa, o surdo está incluso. No entanto, trata-se de longa trajetória até alcançá-los.

Veremos adiante as principais políticas públicas que contribuíram para a educação de surdos no Brasil.

Objetivo principal deste capítulo:

Analisar as principais políticas públicas brasileiras no que se referem à educação dos Surdos, problematizando-as no processo de construção da identidade dessas pessoas.

2. Principais pontos de Leitura e Discussão:

A história dos Surdos é um registro de luta pelo reconhecimento de seu valor como sujeitos diferentes. As conquistas foram gradativas, no entanto, nem todas estão sendo cumpridas como outorga a legislação.

A década de 90 marca o período fértil de políticas públicas voltadas para a educação de surdos. Conforme explicitam Fernandes, Moreira (1994, p. 52): "Nessa década, iniciam-se os debates conceituais sobre língua de sinais, bilinguismo, os reflexos dos modelos clínicos terapêuticos e socioantropológicos na educação de surdos, teorizações sobre a cultura e identidades surdas e os impactos de todos esses estudos na organização de um processo de educação bilíngue para surdos no Brasil".

Para adequar a realidade educacional vivida após 1990, foram promulgadas diferentes leis para a promoção da Política Educacional para as pessoas Surdas: a Lei de Diretrizes e Bases (LDB) nº 9.394/1996; Parâmetros Curriculares Nacionais (PCNs) para a Educação Especial (1999), o Plano Nacional de Educação (PNE) do ano de 2001; Lei da Libras nº 10.436/2002; Decreto nº 5.626/2005; Política Nacional de Educação Especial na Perspectiva da Educação Inclusiva (PNEEPEI); e o Relatório sobre a Política Linguística na Educação Bilíngue - Libras e Língua Portuguesa (2014). É basicamente nesses documentos que este capítulo se debruça.

3. Declaração Mundial sobre Educação para Todos (Conferência de Jomtiem, Tailândia, no ano de 1990)

Declaração Mundial sobre Educação para Todos (Conferência de Jomtien – 1990)

Esse documento contemplou os Surdos por serem minoria linguística. Na avaliação do estudioso Schubert (2019, p. 128 *apud* Macedo, 2022, p. 34), a **Declaração de Jomtiem** "[...] ressalta a necessidade de superar as desigualdades educacionais e revela grupos excluídos, entre os quais estão as minorias linguísticas, categoria em que os surdos se encontram".

No momento atual, o surdo possui direito à matrícula na rede regular de ensino, no contexto da educação inclusiva. Entretanto, o debate da política linguística é ainda incipiente. Fernandes, Moreira (2014, p. 63) levantam alguns questionamentos que as questões linguísticas ainda não resolveram:

"Por que, então, no caso dos surdos, secundariza-se a questão prioritária do direito à Libras como língua materna nas políticas educacionais? Por que, em todos os documentos que compõem o aparato jurídico no que tange à situação dos surdos não há uma diretriz clara e objetiva que aponte estratégias que assegurem às crianças surdas o direito de aprender Libras na infância, até os cinco anos, em escolas públicas bilíngues? Sim, é verdade que em todos esses textos o português figura como segunda língua. Mas o direito a aprender o português como L2 assegura que a primeira língua será a Libras?"

4. Conferência Mundial sobre Necessidades Educativas Especiais: acesso e qualidade

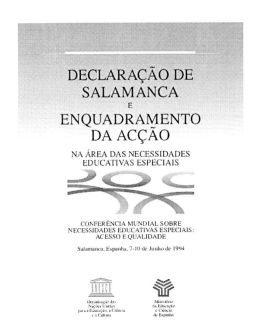

Fonte: https://testnewsframes.globalvoices.org/wp-content/uploads/2023/04/1fdc0f893412ce55f0d2811821b84d3b--33400-212x300.jpg. Acesso em: 04 fev. 2024

A Declaração de Salamanca foi constituída na Conferência Mundial sobre Necessidades Educativas Especiais em junho de 1994, em Salamanca, na Espanha. Foi um marco fundamental para o movimento mundial da educação inclusiva, pois assegurou a entrada de alunos com necessidade especiais dentro do sistema regular de ensino "dentro de uma Pedagogia centrada na criança, capaz de satisfazer a tais necessidades, dentro de uma Pedagogia centrada na criança, capaz de satisfazer a tais necessidades" (UNESCO, 1994).

Para pensar:

A Declaração de Salamanca proclama que as escolas regulares com orientação inclusiva constituem os meios mais eficazes de combater atitudes discriminatórias. Em termos práticos, os Surdos deixaram de ser discriminados na escola após essa Declaração? Qual "qualidade" estamos buscando na educação?

5. Política Nacional de Educação Especial

A Política Nacional de Educação Especial (PNE) foi elaborada pelos Ministérios da Educação e da Mulher, da Família e dos Direitos Humanos. Tem como lema a inclusão escolar na qual não são os alunos que devem se adequar a um padrão instituído, e sim as escolas que precisam garantir recursos que facilitem o acesso, a permanência e a participação de alunos com deficiência no ensino regular. O preceito dessa política é garantir que os alunos com deficiência sejam acolhidos e matriculados no ensino regular, e não mais excluindo-os das turmas comuns.

A lacuna existente nessa Política é denunciada pelos *Marcos Político-Legais da Educação Especial na Perspectiva da Educação Inclusiva* (Brasil, 2010, p. 13) ao afirmar:

> Ao reafirmar os pressupostos construídos a partir de padrões homogêneos de participação e aprendizagem, a Política não provoca uma reformulação das práticas educacionais de maneira que sejam valorizados os diferentes potenciais de aprendizagem no ensino comum, mas mantendo a responsabilidade da educação desses alunos exclusivamente no âmbito da educação especial.

6. Lei de Diretrizes e Bases da Educação Nacional, Lei nº 9.394/96

Fonte: https://l1nk.dev/E1pZk
Acesso em: 03 fev. 2024

Regulamenta toda a educação nacional. Em consonância com a Constituição Federal de 1988 a educação é entendida como um direito de todos, independentemente de suas condições físicas, emocionais e intelectuais. Compreende a educação especial como uma modalidade de ensino, oferecida, preferencialmente, na rede regular educacional, disponível desde a educação infantil até a educação de ensino superior, superando o modelo de educação especial substitutiva ao ensino regular. A educação de surdos ficou sendo uma modalidade de ensino, com o acréscimo do Capítulo V-A, Art. 60-A e 60-B quando trata da educação bilíngue de surdos (Brasil, 1996).

Art. 60

A. **Entende-se por educação bilíngue de surdos**, para os efeitos desta Lei, a modalidade de educação escolar oferecida em Língua Brasileira de Sinais (Libras), como primeira língua, e em português escrito, como segunda língua, em escolas bilíngues de surdos, classes bilíngues de surdos, escolas comuns ou em polos de educação bilíngue de surdos, para educandos surdos, surdo cegos, com deficiência auditiva sinalizantes, surdos com altas habilidades ou superdotação ou com outras deficiências associadas, optantes pela modalidade de educação bilíngue de surdos.

6.1 Parâmetros Curriculares Nacionais para a Educação Especial

Os Parâmetros Curriculares Nacionais (PCNs), elaborados com base na Lei de Diretrizes e Bases da Educação (LDB), de 1996, orientam a respeito de estratégias para a educação de alunos com necessidades especiais.

Propõem adaptações curriculares de forma a alterar as tarefas e os métodos de trabalho para que todos os indivíduos possam aprender. Se insere na concepção da escola inclusiva defendida na Declaração de Salamanca.

7. Lei da Libras nº 10.436/2002

Importante conquista para a comunidade surda, pois reconhece a Língua Brasileira de Sinais (LIBRAS) como meio legal de comunicação e expressão, determinando que sejam garantidas formas institucionalizadas de apoiar seu uso e difusão, bem como a inclusão da disciplina de Libras como parte integrante do currículo nos cursos de formação de professores e de fonoaudiologia.

De acordo com os estudos, a libras é a língua natural da comunidade surda, caracteriza-se por ser uma língua viso espacial, que possui um sistema linguístico de comunicação gestual-visual. É uma língua completa, pois possui estrutura gramatical própria, independente da língua portuguesa, que possibilita o desenvolvimento cognitivo dos surdos, favorecendo o acesso aos conceitos e conhecimentos existentes (Brasil, 2008).

Para pensar:

Apenas o reconhecimento da Libras como L1, tendo em vista a Língua Portuguesa como L 2 é suficiente para que a educação bilíngue de surdos aconteça?

8. Decreto nº 5.626/2005

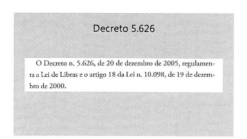

Decreto 5.626

O Decreto n. 5.626, de 20 de dezembro de 2005, regulamenta a Lei de Libras e o artigo 18 da Lei n. 10.098, de 19 de dezembro de 2000.

Prevê ações que promovem a educação de pessoas Surdas apoiada em uma política linguística: Libras como primeira língua e o português na modalidade escrita como segunda língua. Reforça que a Língua Portuguesa para Surdos deve ser ofertada e adquirida em modalidade escrita (Franco, 2007).

9. Política Nacional de Educação Especial na Perspectiva da Educação Inclusiva

POLÍTICA NACIONAL DE EDUCAÇÃO ESPECIAL NA PERSPECTIVA DA EDUCAÇÃO INCLUSIVA

Tem como objetivo assegurar a inclusão escolar de alunos com deficiência, orientando os sistemas de ensino para garantir:

- acesso ao ensino regular, com participação, aprendizagem e continuidade nos níveis mais elevados do ensino;
- transversalidade da modalidade de educação especial desde a educação infantil até a educação superior;

- oferta do atendimento educacional especializado (AEE);
- formação de professores para o atendimento educacional especializado e demais profissionais da educação para a inclusão;
- participação da família e da comunidade;
- acessibilidade arquitetônica, nos transportes, nos mobiliários, nas comunicações e informação;
- articulação intersetorial na implementação das políticas públicas.

10. Relatório sobre a Política Linguística na Educação Bilíngue - Libras e Língua Portuguesa

No ano de 2014 um grupo de trabalho foi designado pelas portarias do MEC nº 1.060/2013 e nº 91/2013, objetivando orientar a construção de uma política educacional bilíngue, preferencialmente, nas escolas bilíngues que considerem "as especificidades culturais e linguísticas dos sujeitos surdos" (Brasil, 2014). Esse documento defende uma Educação Bilíngue de Surdos.

Para pensar:

Temos muitas políticas públicas. E na prática, todas estão sendo efetivadas?

Orientações de Leituras:

BRASIL. **Decreto nº 5.626, de 22 de dezembro de 2005.** Regulamenta a Lei nº 10.436, de 24 de abril de 2002, que dispõe sobre a Língua Brasileira de Sinais – Libras, e o art. 18 da Lei nº 10.098, de 19 de dezembro de 2000. Presidência da República, Casa Civil. Brasília, 22 de dezembro de 2005. Disponível em: https://l1nk.dev/QeOtg. Acesso em: 03 fev. 2024.

BRASIL. Ministério da Educação. **Marcos-políticos legais da educação especial na perspectiva da educação inclusiva.** Brasília: Secretaria de Educação Especial, 2010.

BRASIL. Ministério da Educação. **Política Nacional de Educação Especial na Perspectiva da Educação Inclusiva.** Brasília: MEC/SEESP, 2008. Disponível em: http://portal.mec.gov.br/arquivos/pdf/politicaeducespecial.pdf. Acesso em: 02 fev. 2024.

BRASIL. **Diretrizes nacionais para a educação especial na educação básica.** Secretaria de Educação Especial. Ministério da Educação, SEESP, 2001.

BRASIL. **Lei nº 9.394, de 20 de dezembro de 1996.** Estabelece as diretrizes e bases da educação nacional. Diário Oficial da União, Brasília, 23 de dezembro de 1996. Disponível em: https://acesse.one/Fj5Ai. Acesso em: 29 out. 2023.

BRASIL. **Lei nº 10.436, de 24 de abril de 2002.** Dispõe sobre a Língua Brasileira de Sinais - Libras e dá outras providências. Diário Oficial da União, Brasília, DF, 25 abr. 2002. Disponível em: https://l1nk.dev/J680p. Acesso em: 03 fev. 2024.

BRASIL. **Relatório do Grupo de Trabalho designado por Portaria Ministerial para elencar subsídios à Política Linguística de Educação Bilíngue** - Língua Brasileira de Sinais e Língua Portuguesa. Brasília: MEC/SEESP, 2014.

FERNANDES, Sueli. MOREIRA, Laura Ceretta. Políticas de educação bilíngue para surdos: o contexto brasileiro. **Educar em Revista**, Curitiba, Brasil, Edição Especial n. 2/2014, p. 51-69. Editora UFPR. Disponível em: https://www.scielo.br/j/er/a/zJRcjrZgSfFnKpbqTDh7ykK/?format=pdf&lang=pt. Acesso em: 28 out. 2023.

FRANCO, Monique. Os Pcn e as Adaptações Curriculares para Alunos com Necessidades Educacionais Especiais um Debate. **Teias**, v. 1, n. 2, 2007.

LIMA, Marisa Dias. SILVA, Lazára Cristina. Bilinguismo na educação dos e para os surdos: uma discussão reflexiva sobre a política educacional e inclusiva. **The Especialist**, v. 40, n. 3, 2019.

ORGANIZAÇÃO DAS NAÇÕES UNIDAS. **Declaração Universal dos Direitos Humanos, 1948**. Disponível em: https://www.unicef.org/brazil/declaracao-universal-dos-direitos humanos. Acesso em: 02 fev. 2024.

UNESCO. **Declaração Mundial sobre Educação para Todos:** plano de ação para satisfazer as necessidades básicas de aprendizagem. Jomtien, Tailândia: UNESCO, 1990. Disponível em: https://acesse.dev/kM7aR. Acesso em: 02 fev. 2024.

CAPÍTULO 5:

PRÁTICAS PEDAGÓGICAS PARA O PROCESSO DO ENSINO E APRENDIZAGEM DOS ALUNOS SURDOS

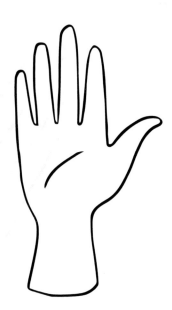

1. Contextualização do tema

Os alunos surdos precisam tornar-se leitores na língua de sinais para se tornarem leitores na língua portuguesa (Quadros; Schmiedt, 2006, p. 26).

Este capítulo nasceu da necessidade de instrumentalizar o professor para o ensino de português como segunda língua para surdos (PSLS) ao longo da educação básica. Então, além de trazemos encaminhamentos para o ensino fundamental e médio, compõe este capítulo uma experiência de sequência didática realizada no Centro de Apoio Pedagógico Especializado (CAPE)[1] no município de Jequié, Bahia, núcleo de surdez, no ano letivo de 2023, aplicando os conceitos aprendidos com os teóricos da área de surdez.

Algumas diretrizes permeiam o ensino de PSLS em todos os níveis e modalidades de ensino: a mediação pela Libras e pelo português escrito, o PSLS visa à literacia visual dos estudantes surdos, assim como a literacia tátil/visuo-tátil aos estudantes surdocegos, sem ou com pouquíssimo resíduo visual.

A alfabetização se concretiza até o segundo ano do Ensino Fundamental, conforme o Decreto nº 9.765, de 11 de abril de 2019. Para alfabetização em português no contexto do aluno surdo, recorremos a Quadros, Schmiedt (2006) as quais propõem que as atividades sempre sejam sempre antecedidas pela leitura de textos em sinais. A leitura precisa estar contextualizada.

Nos anos iniciais do ensino fundamental, mesmo com a igualdade de oportunidades e em atendimento às especificidades educativas dos estudantes surdos, ainda não ocorre a autonomia na leitura e na escrita do português como segunda língua (PEREIRA *et al.*, 2021, p. 9). Os alunos são capazes de corresponder a todos os conhecimentos da fase, com apoio e mediação do professor.

Os anos finais do Ensino Fundamental representam uma etapa importante para o aluno surdo porque muitas mudanças ocorrem na vida escolar do aluno. É ampliado o número de interlocutores com quem o estudante surdo vai interagir na escola: colegas, vários professores para as diferentes disciplinas e o desafio de desenvolver maior autonomia em relação às etapas anteriores.

---

[1] Portaria 443/2024, Diário Oficial da Bahia de 11 de abril de 2024.

A Base Nacional Comum Curricular (BNCC) preconiza que a escola deve trabalhar no Ensino Médio com adolescentes, jovens e adultos caracterizados como "aprendizes independentes", que se diferenciam por condições de existência e perspectivas de futuro desiguais (Brasil, 2018). Então, propõe a recriação da escola. Em termos do ensino de PSLS há o intuito de levar o estudante surdo a conhecer as literacias multimodais e multimidiáticas que já fazem parte de seu cotidiano fora da escola (Silva *et al.*, 2021);

Ao professor que busca uma proposta de Currículo de ensino de PSLS recomendamos os seguintes referenciais:

- Para a educação infantil, Moreira *et al.* (2021).
- Para o ensino fundamental, anos iniciais, Pereira *et al.* (2021).
- Para o ensino fundamental, anos finais, Silva *et al.* (2021).
- Para o ensino médio, Bernardino *et al.* (2021).

Objetivo principal deste capítulo:

Apresentar caminhos de como desenvolver atividades para ensinar o Português sob a perspectiva bilíngue ao longo da educação básica, de forma a desenvolver habilidades e competências.

2. Pontos de Estudo e Discussão:

Em qualquer nível ou série há os estágios de interlíngua na aprendizagem da língua portuguesa. Segue um quadro na página seguinte, o qual sintetiza esses estágios de interlíngua em crianças surdas. Veja na próxima página uma tabela referente a isso:

Brochado (2003) *apud* Quadros, Schmiedt (2006, p. 34-36):

INTERLÍNGUA I (IL1)	EXEMPLO E EXPLICAÇÃO
Neste estágio observamos o emprego predominante de estratégias de transferência da língua de sinais (L1) para a escrita da língua portuguesa (L2) desses informantes, caracterizando-se por: • predomínio de construções frasais sintéticas; estrutura gramatical de frase muito semelhante à língua de sinais brasileira (L1), apresentando poucas características do português (L2); • aparecimento de construções de frases na ordem SVO, mas maior quantidade de construções tipo tópico-comentário; • predomínio de palavras de conteúdo (substantivos, adjetivos, verbos); • falta ou inadequação de elementos funcionais (artigos, preposição, conjunção); • uso de verbos, preferencialmente, no infinitivo; • emprego raro de verbos de ligação (ser, estar, ficar), e, às vezes, incorretamente; • uso de construções de frase tipo tópico-comentário, em quantidade, proporcionalmente maior, no estágio inicial da apropriação da L2; • falta de flexão dos nomes em gênero, número e grau; • pouca flexão verbal em pessoa, tempo e modo; • falta de marcas morfológicas; • uso de artigos, às vezes, sem adequação; • pouco emprego de preposição e/ou de forma inadequada; • pouco uso de conjunção e sem consistência; • semanticamente, ser possível estabelecer sentido para o texto.	A raposa e as uva colhas come muito uva colhos fugiu escuro árvore raposa quero vontade come uva raposa pulou não pegeu conseguiu Segundo Brochado (2003) *apud* Quadros, Schmiedt (2006, p. 37), o texto na fase da interlíngua I apresenta frases curtas, sem elementos gramaticais da língua portuguesa. O texto acima reflete dificuldades ortográficas, o uso inadequado da flexão e o uso de estrutura tópico-comentário, além da ordenação sujeito-verbo. Segundo a autora, essas são características de textos produzidos na fase inicial da aquisição do português.

INTERLÍNGUA II (IL2)	EXEMPLO E EXPLICAÇÃO
Neste estágio constatamos na escrita de alguns alunos uma intensa mescla das duas línguas, em que se observa o emprego de estruturas linguísticas da língua de sinais brasileira e o uso indiscriminado de elementos da língua portuguesa, na tentativa de apropriar-se da língua alvo. Emprego, muitas vezes, desordenado de constituintes da L1 e L2, como se pode notar: • justaposição intensa de elementos da L1 e da L2; • estrutura da frase ora com características da língua de sinais brasileira, ora com características gramaticais da frase do português; • frases e palavras justapostas confusas, não resultam em efeito de sentido comunicativo; • emprego de verbos no infinitivo e também flexionados; • emprego de palavras de conteúdo (substantivos, adjetivos e verbos); • às vezes, emprego de verbos de ligação com correção; • emprego de elementos funcionais, predominantemente, de modo inadequado; • emprego de artigos, algumas vezes concordando com os nomes que acompanham; uso de algumas preposições, nem sempre adequado; • uso de conjunções, quase sempre inadequado; • inserção de muitos elementos do português, numa sintaxe indefinida; • muitas vezes, não se consegue apreender o sentido do texto, parcial mente ou totalmente, sem o apoio do conhecimento anterior da história ou do fato narrado.	Chapeuzinho Vermelho Mãe fala chapeuzinho vermelho A vovó muito doena [doente?] chapeuzinho Vermelho foi vê flor muito bonita chapeuzinho Vermelho assauto lobo. lobo corre muito casa vovó lobo come vovó chapeuzinho Vermelho lobo quem chapeuzinho vermelho porque olho grande, porque nariz grande, porque orelha grande, porque boca grande come chapeuzinho Vermelho. O homem ovido [ouviu?] quem homem cama o lobo dorme. Chapeuzinho Vermelho gosta muito da vovó. A autora observou que no nível de interlíngua II, há o uso de artigos, preposições e expressões gramaticais, embora os mesmos sejam produzidos de forma inadequada. Parece já haver uma consciência por parte das crianças quanto a existência de tais elementos, mas ainda não há o conhecimento para o uso adequado dos mesmos. A criança parece estar tentando usar os elementos gramaticais do português. Provavelmente, nessa fase, a criança esteja fazendo hipóteses a respeito dos elementos gramaticais da língua portuguesa e esteja testando-as. Brochado observa, também, que já há o emprego da flexão verbal de forma adequada, embora ainda de forma inconsistente. Nesse nível, a autora observa que parece haver uma confusão entre o tipo de estrutura empregada na língua de sinais e o tipo de estrutura do português escrito.

INTERLÍNGUA III (IL3)	EXEMPLO e EXPLICAÇÃO
Neste estágio, os alunos demonstram na sua escrita o emprego predominante da gramática da língua portuguesa em todos os níveis, principalmente, no sintático. Definindo-se pelo aparecimento de um número maior de frases na ordem SVO e de estruturas complexas, caracterizam-se por apresentar: • estruturas frasais na ordem direta do português; • predomínio de estruturas frasais SVO; • aparecimento maior de estruturas complexas; • emprego maior de palavras funcionais (artigos, preposição, conjunção); • categorias funcionais empregadas, predominantemente, com adequação; uso consistente de artigos definidos e, algumas vezes, do indefinido; • uso de preposições com mais acertos; uso de algumas conjunções coordenativas aditiva (e), alternativa(ou), adversativa (mas), além das subordinativas condicional (se), causal e explicativa (porque), pronome relativo (que) e integrante (que); flexão dos nomes, com consistência; • flexão verbal, com maior adequação; • marcas morfológicas de desinências nominais de gênero e de número; desinências verbais de pessoa (1^a e 3ª pessoas), de número (1^a e 3ª pessoas do singular e 1ª pessoa do plural) e de tempo (presente e pretérito perfeito), com consistência; emprego de verbos de ligação ser, estar e ficar com maior frequência e correção.	Chapeuzinho Vermelho A mamãe falou: – Chapeuzinho por favo você vai casa da vovó. Chapeuzinho falou – Porque eu vou casa da vovó? Mamãe falou – Porque a vovó está doente entendeu. Chapeuzinho falou – da eu vou casa da vovó porque eu tenho soudade da vovó eu do feliz. A mamãe falou – Por favor cuidado mato é perigoso. Brochado (2003) analisa o texto dessa criança e observa o quanto de avanço já houve quanto ao uso dos elementos gramaticais da língua portuguesa. O texto apresenta características de uma narrativa incluindo o discurso direto. Os erros ortográficos encontrados são muito mais de ordem visual.

3. Alfabetização em português no contexto do aluno surdo (Quadros, Schmiedt, 2006)

Os alunos que estão se alfabetizando em uma segunda língua precisam ter condições de "compreender" o texto, de acordo Quadros, Schmiedt (2006, p. 41)

Orientações para aquisição da leitura:

1. Observar os dois tipos de leitura, quando se discute esse processo na aquisição de segunda língua:
- a leitura que apreende as informações gerais do texto;
- a leitura que apreende informações mais específicas, isto é, adentra em detalhes do texto que não necessariamente tenham implicações para a compreensão geral do texto.
2. Preparar as atividades de leitura visando um e/ou outro nível de acordo com as razões que levaram os alunos a terem interesse a ler um determinado texto.
3. Provocar nos alunos o interesse pelo tema da leitura por meio de uma discussão prévia do assunto, ou de um estímulo visual sobre o mesmo, ou por meio de uma brincadeira ou atividade que os conduza ao tema pode facilitar a compreensão do texto.

Outras dicas importantes:

- Trabalhar com palavras-chaves;
- Estimular a busca no dicionário;
- Apresentar textos adequados à faixa etária da criança, que façam sentido para a criança no contexto da sala de aula e para a sua vida;
- É importante a libras no processo de alfabetização em língua portuguesa.

4. Relato de estórias, produção de literatura infantil em sinais e interação espontânea da criança com outras crianças e adultos por meio da língua de sinais.

No contexto do aluno surdo, a leitura passa por diversos níveis:

1) Concreto – sinal: ler o sinal que refere coisas concretas, diretamente relacionadas com a criança.

2) Desenho – sinal: ler o sinal associado com o desenho que pode representar o objeto em si ou a forma da ação representada por meio do sinal.

3) Desenho – palavra escrita: ler a palavra representada por meio do de senho relacionada com o objeto em si ou a forma da ação representado por meio do desenho na palavra.

4) Alfabeto manual – sinal: estabelecer a relação entre o sinal e a palavra no português soletrada por meio do alfabeto manual.

5) Alfabeto manual – palavra escrita: associar a palavra escrita com o alfa beto manual.

6) Palavra escrita no texto: ler a palavra no texto (p. 42-43)

Essa proposta é ideal para a alfabetização, tendo em vista que aprender a ler os sinais dará subsídios às crianças para aprender a ler as palavras escritas na língua portuguesa. A produção de contadores de estórias naturais, de estórias espontâneas e de contos que passam de geração em geração são exemplos de literatura em sinais que precisam fazer parte do processo de alfabetização de crianças surdas.

4.1 Sobre a produção de textos na alfabetização:

Na medida que o aluno compreende o texto, ele começa a produzir textos. Sugestões:

TRILHAS DE APRENDIZAGEM PARA A EDUCAÇÃO BILÍNGUE DE SURDOS

- confeccionar pequenos livros com os alunos contendo histórias criadas por eles ou ilustrar textos já trabalhados;
- agrupar os livros produzidos pelos alunos num espaço próprio da sala como uma minibiblioteca para que os colegas retirem os livros para ler;
- a turma ou a escola promover uma "Semana da Leitura" ou "Semana da Comunicação" para desenvolver projetos que estimulem a leitura e produção escrita;
- montar um diário de notícias ou um jornal da turma ou da escola, que circule entre as crianças, a escola e as famílias, no qual se explore diferentes tipos de textos baseados nos jornais da cidade.

As atividades sugeridas por Quadros e Schmiedt (2006) podem ser utilizadas desde o início do processo de aquisição da leitura e escrita, ou seja, com aquelas crianças que ainda não tiveram nenhum contato com o português, até o final das séries iniciais, em que a criança já se encontra alfabetizada. A diferença vai estar no nível de profundidade trabalhada.

A seguir, estão listados alguns dos aspectos que precisam ser explorados no processo educacional, segundo Quadros e Schmiedt (2006, p. 26-27):

- jogos de perguntas e respostas observando o uso dos itens lexicais e expressões não manuais correspondentes;
- utilização de "feedback" (sinais manuais e não-manuais específicos de confirmação e negação, tais como, o sinal CERTO-CERTO, o sinal NÃO, os movimentos de cabeça afirmando ou negando);
- exploração de relações gramaticais mais complexas (relações de comparação, tais como, isto e aquilo, isto ou aquilo, este melhor do que este, aquele melhor do que este, este igual àquele, este com aquele; relações de condição, tais como, se isto então aquilo; relações de simultaneidade, por exemplo, enquanto isto acontece, aquilo está acontecendo; relações de subordinação, como por exemplo, o fulano pensa que está fazendo tal coisa; aquele que tem isso, está fazendo aquilo);
- estabelecimento de referentes presentes e não presentes no discurso, bem como, o uso de pronominais para retomada de tais referentes de forma consistente;

Quadros e Schmiedt (2006, p. 45-98) trazem valiosas sugestões de atividades para o ensino da língua portuguesa para surdos. Destacamos apenas o nome das dinâmicas, devido ao número grande de páginas para inserir aqui.

Atividade "Saco das Novidades" - dinâmica realizada na educação infantil de uma escola de surdos do Rio Grande do Sul e que foi adaptada para o trabalho com a língua portuguesa. É realizada com o uso de objetos relacionados às atividades do fim de semana, com as crianças contando suas experiências em Libras.

Objetivos:

- Estimular na criança a habilidade de expressar-se perante um grupo;
- Desenvolver na criança a capacidade de expor seus pensamentos de forma clara e organizada, situando-se no tempo e no espaço, utilizando este recurso como apoio.

Trabalhando com o "SACO SURPRESA" - é uma variação da dinâmica anterior, onde a diferença básica está no fato de que o professor escolhe e traz os objetos. e não a criança. Neste trabalho a ênfase é trabalhar por temáticas.

Objetivos:

- Desenvolver na criança a capacidade de expressar sensações, sejam elas táteis ou visuais, de forma "oral" (em língua de sinais) e escrita;
- Proporcionar experiências que levem a criança à abstração, análise e síntese, descrição, classificação e conceituação.

Trabalhando com "MESAS DIVERSIFICADAS" - dinâmica adaptada da proposta original. Desenvolvida pela professora Jane Agne, do Rio Grande do Sul, frente às dificuldades e os desafios com que se deparava no trabalho de alfabetização de surdos.

Objetivos:

- Desenvolver na criança autonomia para realização de tarefas;
- Atender de forma individualizada as dificuldades específicas de cada criança;
- Propiciar, num mesmo período de aula, atividades diversificadas (de fixação de conteúdo, de expressão artística, lúdicas...) de forma dinâmica e interessante.

Trabalhando com "VIVÊNCIAS"

Trabalhar com vivências é extremamente enriquecedor tanto para a criança, que experimenta, cria e descobre novos conceitos de maneira prazerosa, quanto para o educador. Este último, se souber aproveitar cada momento e cada detalhe do desenrolar da experiência, pode levantar questionamentos que são significativos para as crianças e para seu trabalho como um todo.

É importante esclarecer que a palavra "vivência" aqui se refere a toda situação de experiência proporcionada às crianças, planejada antecipadamente (com elas ou pelo professor) e com objetivos bem definidos. Isso inclui a realização de experimentos em sala, passeios, visitas, preparação de materiais, confecção de jogos e livros, organização e/ou participação em eventos na sala, na escola ou fora dela, entre outros.

Toda vivência está contextualizada em um diálogo, ou seja, o professor e as próprias crianças conversam sobre o que está acontecendo. No caso das crianças surdas, esse processo sempre ocorre na língua de sinais, sendo posteriormente registrado por escrito na língua portuguesa. Isso reforça a importância da inclusão e do respeito à diversidade no ambiente educacional.

Objetivos:

- Proporcionar situações de aprendizagem a partir de vivências interessantes e significativas.

Trabalhando com "LEITURA E VOCABULÁRIO"

Profissionais que trabalham com a Língua Portuguesa para surdos reconhecem a importância da expansão e consolidação do vocabulário para o desenvolvimento da leitura e escrita. Eles também entendem que o trabalho com listas de palavras isoladas, fora de um contexto, não produz resultados eficazes no aprendizado de um idioma. Portanto, é comum que as "novas palavras" sejam introduzidas a partir de textos.

A proposta aqui é que a aquisição e fixação de vocabulário, e consequentemente o progresso na leitura, ocorram também por meio de jogos e atividades lúdicas com a criança. Aproveitar esses momentos de diversão como oportunidades de aprendizado pode contribuir significativamente para o desenvolvimento da criança no novo idioma.

Objetivos:

Ampliar e fixar o conhecimento de palavras da Língua Portuguesa de forma lúdica.

Trabalhando com "Produção Escrita"

Objetivos:

- Proporcionar à criança o conhecimento e aprimoramento do uso da Língua Portuguesa escrita;
- Estimular, através de diferentes técnicas e recursos, a criatividade e a capacidade da criança de externar seus pensamentos de forma clara e objetiva.

5. Letramento Visual como ferramenta no ensino aprendizagem do português escrito como segunda língua para surdos

De acordo Freitas, Souza (2023, p. 45) "as imagens são suporte para a escrita na língua portuguesa".

5.1 Atividades de Letramento

Na educação de surdos, os Letramentos se destacam porque vão para além dos muros das escolas.

Miranda, Freitas e Paula (2023, p. 46) explicam o *Letramento Visual como "parte do princípio de que a imagem é o próprio texto e não apenas um complemento deste. As imagens são passíveis de serem lidas e interpretadas, mas esse letramento precisa ser ensinado, para surdos e ouvintes".*

Sendo assim, vamos tratar desse assunto com a exemplificação de uma atividade interdisciplinar realizada no Centro de Apoio Pedagógico (CAPE) pela professora Laura Regina e o intérprete John Carlos. Todas as fotos foram cedidas gentilmente por ela, de seus arquivos pessoais, bem como a proposta desenhada e aplicada nesta atividade.

Conteúdos:

- níveis de linguagem na escrita;
- leitura de rótulos de produtos;
- tipos de vegetação;
- região nordeste;
- a relação homem/natureza;
- zonas rural e urbana;
- trabalho;
- situação socioeconômica.
- as operações de soma e subtração.

Objetivos da sequência didática:

- Compreensão das variedades linguísticas do português do Brasil, investigando suas nuances fonológicas, prosódicas, lexicais e sintáticas, além de avaliar seus impactos semânticos.
- Discussão sobre as variedades linguísticas prestigiadas e estigmatizadas, bem como o preconceito linguístico associado a elas, com uma abordagem crítica de suas bases.

- Reconhecimento e a análise dos efeitos de sentido em textos, derivados de fenômenos léxico-semânticos, como aumentativo/diminutivo, sinonímia/antonímia, polissemia, figuras de linguagem, entre outros.
- Controle de gastos financeiros por meio de cálculos matemáticos.

Ao longo da sequência de atividades foi aplicado o Letramento Visual, partindo do princípio de que "a imagem é o próprio texto e não apenas um complemento deste. As imagens são passíveis de serem lidas e interpretadas, mas esse letramento precisa ser ensinado, para surdos e ouvintes", conforme orientam Miranda, Freitas e Paulo (2023, p 46).

Objetivo de acordo a BNCC:

Desenvolver a capacidade de reconhecimento global de palavras, também conhecida como leitura "incidental", que é fundamental para a fluência na leitura.

Nas imagens, o texto "Asa Branca" escrito na L2, sinalizado e ilustrado em folha avulsa para que o aluno surdo possa aprender a letra da música, tendo a L1 como língua de mediação do processo de ensino e aprendizagem.

Objeto de conhecimento: Formação do leitor literário

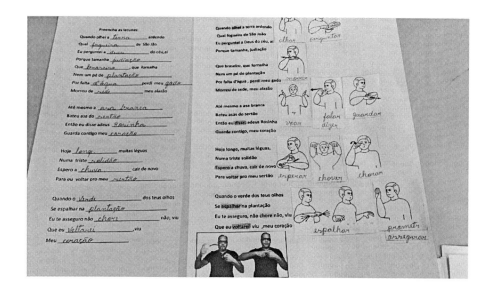

- **Habilidade (EF15LP15):** Reconhecer que os textos literários fazem parte do mundo do imaginário e apresentam uma dimensão lúdica, de encantamento, valorizando-os, em sua diversidade cultural, como patrimônio artístico da humanidade.

1º momento:

Exposição da letra de música "Asa Branca" de Luís Gonzaga, na modalidade escrita da língua portuguesa e em Libras, visando atender às necessidades específicas dos alunos surdos.

2º momento:

Leitura sinalizada da música. O intérprete de Libras enfatiza as principais palavras do texto para a língua de sinais.

Essa atividade é realizada utilizando o quadro branco como recurso principal, onde figuras relacionadas ao texto trabalhado são desenhadas para facilitar a compreensão.

3º momento:

Participação dos alunos surdos na compreensão da letra de música, promovendo o desenvolvimento da leitura global e fluência.

• **Habilidade (EF69LP13):** Capacidade de participar ativamente na busca por conclusões compartilhadas sobre problemas, temas ou questões polêmicas de interesse da turma e/ou de relevância social.

4º momento: Atividades utilizando o caderno didático como recurso

Objeto de conhecimento: Formação do leitor literário/leitura multissemiótica.

• **Habilidade: (EF15LP19):** Recontar textos literários utilizando a língua de sinais, tanto com quanto sem o suporte de imagens, após sua leitura pelo professor. Reescrita da letra da música em L2, incentivando a relação entre texto e ilustrações, pois promove o reconhecimento das características gráficas e lúdicas dos textos literários.

• **Habilidade (EF15LP18)** Relacionar texto com ilustrações e outros recursos gráficos.

• **Habilidade (EF12LP03):** Copiar textos breves, mantendo suas características e voltando para o texto sempre que tiver dúvidas sobre sua distribuição gráfica, espaçamento entre as palavras, escrita das palavras e pontuação.

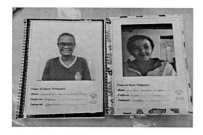

- **Habilidade da atividade "Caça-palavras" (EF15LP03):** Localizar informações explícitas em textos.

O **caderno do aluno** como **recurso didático** em uma atividade de caça-palavras, seguindo a mesma proposta, visando desenvolver habilidades de percepção, concentração, leitura e escrita.

5º momento: Alunos em ação, na construção e assimilação do conhecimento
Competência: Conhecer e explorar diversas práticas de linguagem (artísticas, corporais e linguísticas) em diferentes campos da atividade humana para continuar aprendendo, ampliar suas possibilidades de participação na vida social e colaborar para a construção de uma sociedade mais justa, democrática e inclusiva.

- **Habilidade (EF15LP14):** Construir o sentido do texto, relacionando imagens e palavras.

Avaliação da aprendizagem:

A verificação do rendimento escolar seguirá o predisposto na Lei de Diretrizes e Bases da Educação Nacional – LDB – nº 9.394/96, em seu Art. 24, quando afirma que a avaliação é contínua e cumulativa do desempenho do aluno, com prevalência dos aspectos qualitativos sobre os quantitativos. Sob esse critério a avaliação contínua e acumulativa fundamenta-se nos aspectos cognitivos, afetivos e relacionais; em aprendizagens significativas e funcionais que se aplicam em diversos contextos e se atualizam o quanto for preciso para que se continue a aprender.

Orientações de Leituras:

BRASIL. **Base Nacional Comum Curricular:** Educação Infantil e Ensino Fundamental. Brasília: MEC/Secretaria de Educação Básica, 2017.

BRASIL. **Base Nacional Comum Curricular:** Ensino Médio. Brasília: MEC/ Secretaria de Educação Básica, 2018.

BRASIL. **Lei nº 9.394, de 20 de dezembro de 1996**. Estabelece as diretrizes e bases da educação nacional. Diário Oficial da União, Brasília, 23 de dezembro de 1996. Disponível em: http://www.planalto.gov.br/ccivil_03/leis/L9394.htm. Acesso em: 29 out. 2023.

BERNARDINO, Elidéa Lúcia Almeida *et al.* **Caderno IV - Ensino Médio:** Proposta Curricular para o Ensino de Português Escrito como Segunda Língua para Estudantes Surdos da Educação Básica e do Ensino Superior. 1ª ed. Brasília: Secretaria de Modalidades Especializadas de Educação: DIPEBS/SEMSP/MEC, 2021.

SILVA, Ivani Rodrigues *et al.* **Caderno III - Ensino Fundamental (anos finais):** Proposta Curricular para o Ensino de Português Escrito como Segunda Língua para Estudantes Surdos da Educação Básica e do Ensino Superior. 1ª ed. Brasília: Secretaria de Modalidades Especializadas de Educação: DIPEBS/SEMESP/MEC, 2021.

QUADROS, Ronice Müller de. SCHMIEDT, Magali L. P. **Ideias para ensinar português para alunos surdos.** Brasília: MEC, SEESP, 2006.

MIRANDA, Dayse Garcia. FREITAS, Luciana. PAULA, Vanessa Souza de. O Recurso Imagético como Estratégia no Ensino de Português para Surdos como Segunda Língua. *In.*: MIRANDA, Dayse Garcia. PINHEIRO, Rodrigo. FREITAS, Luciana. (orgs.). **Educação de Surdos:** reflexões e práticas. Curitiba: CRV, 2023. p. 43-58.

MOREIRA, Andréa Beatriz Messias Belém *et al.* **Caderno I - Educação Infantil:** Proposta Curricular para o Ensino de Português Escrito como segunda. 1ª ed. Brasília: Secretaria de Modalidades Especializadas de Educação: DIPEBS/SEMEPS/MEC, 2021.

MURTA, Michelle Andrea. SOZA, Isabelle Cornelio Balbi. MARTINS, Dinalva Andrade. **Literatura Surda:** diversidade de cenários. *In.*: MIRANDA, Dayse Garcia. PINHEIRO, Rodrigo. FREITAS, Carlos Luciana. (orgs.). **Educação de Surdos:** reflexões e práticas. Curitiba: CRV, 2023. p. 17-26.

PEREIRA, Maria Cristina da Cunha *et al.* **Caderno II - Ensino Funamental (anos iniciais).** Proposta Curricular para o Ensino de Português Escrito como Segunda Língua para Estudantes Surdos da Educação Básica e do Ensino Superior. 1ª ed. Brasília: Secretaria de Modalidades Especializadas de Educação: DIPEBS/SEMEPS/ MEC, 2021.

SALLES, Heloísa Maria Moreira Lima *et al.* **Ensino de língua portuguesa para surdos:** Caminhos para a Prática Pedagógica. Programa Nacional de Apoio à Educação dos Surdos. Brasília: MEC, SEESP, 2004. 1 v.

CAPÍTULO 6:

PRÁTICAS PEDAGÓGICAS POR MEIO DOS RECURSOS DIDÁTICOS E TECNOLÓGICOS

1. Contextualizando o tema

Na contemporaneidade a tecnologia tem alcançado os lugares mais longínquos e em espaços nunca antes imaginados. O acesso à internet é uma realidade em todo território nacional. Pode-se utilizar esse meio para exposição de imagens, filmes, documentários, criação de conteúdo digital e até mesmo o compartilhamento das atividades produzidas em sala de aula. O aspecto que faz a diferença é, sem dúvida, a criatividade do professor.

O ensino exige técnicas criativas e planejamento didático sistemático. Há uma diversidade de recursos didáticos e tecnológicos que se pode utilizar na educação de surdos sob a perspectiva bilíngue. Muitos podem ser comprados, a exemplo de jogos, quebra-cabeças, outros podem ser feitos a partir de sucatas e ou outros materiais. Perlin, desde 2005 (p. 78), já falava de "novas tecnologias" ao referir-se às centrais telefônicas, ao celular digital, aos porteiros luminosos, ou seja, às facilidades para a vida dos surdos.

Na educação brasileira, a cultura digital é lei, reconhecida pela Base Nacional Comum Curricular por meio do código EF69AR35, que identifica a habilidade da BNCC em identificar e manipular diferentes tecnologias e recursos digitais para acessar, apreciar, produzir, registrar e compartilhar práticas e repertórios artísticos, de modo reflexivo, ético e responsável.

Recentemente, em o ano de 2023, tivemos uma alteração na atual Lei de Diretrizes e Bases da Educação Nacional nº 9.394/96, instituindo a Política Nacional da Cultura Digital por meio da aprovação da Lei nº 14.533 de 11 de janeiro de 2023. Se em tempos anteriores exibir um filme ou outro recurso audiovisual em sala de aula era algo inusitado, hoje tornou-se quase que obrigatório.

Neste capítulo traremos sugestões de recursos didáticos a partir das propostas das pesquisadoras Quadros e Schmiedt (2006). Há também sugestão de canais do Youtube com filmes e programas educativos que podem ser utilizados como apoio ao trabalho de sala de aula. O foco é alcançar, de forma eficaz, o aluno surdo em seu processo de aprendizagem com adaptações da série e idade, de acordo ao entendimento e necessidades específicas da turma.

Objetivo principal: Instrumentalizar o professor com recursos didáticos e tecnológicos para a atuação pedagógica.

2. Pontos de estudo e discussão:

Sugestões apresentadas por alunos surdos que estão no Ensino Superior (Lima, 2021):

Apresentação de filmes ou outra produção audiovisual com legendas

O aluno surdo é visual. Logo, o ideal em uma exibição de filmes, documentário ou qualquer outra atividade audiovisual que exige a oralidade é que se atenha à legenda em língua portuguesa e que, impreterivelmente, haja a sinalização de um intérprete de libras para que haja acessibilidade. Caso o material não seja legendado, existe a possibilidade do uso de *softwares*, como o *Windows Movie Maker*, por exemplo. Sempre que o conteúdo permitir, o professor pode usar o quadro para desenhar, fazer detalhes ou esquematizar suas ideias. Sugere-se, da mesma forma, a utilização de cores diferentes, setas e símbolos que auxiliem os alunos no entendimento do conteúdo.

Outros cuidados importantes envolvem:

- A definição do motivo de transmitir a atividade audiovisual para a turma escolhida.
- A citação do filme, documentário ou outra atividade audiovisual durante a aula para que o aluno surdo entenda que será uma atividade didática.
- A avaliação do aluno após a exibição da atividade audiovisual, considerando a capacidade de expressar opinião por meio da discussão e argumentação, produção de textos e participação de trabalhos em grupo.

Objetivos a serem alcançados com a exibição de filmes, de acordo a Base Nacional Comum Curricular

- Os alunos surdos serão convidados a refletir sobre as questões abordadas no filme e a discutir sobre eles, a fim de desenvolver sua capacidade de pensamento crítico e de análise de conteúdo.

- Experienciar a ludicidade, a percepção, a expressividade e a imaginação, ressignificando espaços da escola e de fora dela no âmbito da Arte.

Objeto de conhecimento de acordo a Base Nacional Comum Curricular

Os objetos de conhecimento abordados serão os temas abordados no filme, como o amor, a solidariedade e a importância da amizade, bem como as questões sociais levantadas pela mídia.

Habilidades que o aluno deve desenvolver:

- Pensamento crítico, a análise de conteúdo, a capacidade de expressar suas opiniões por meio da L1 e L2.
- Habilidades de escrita, como a interpretação do filme, levantamento de informações sobre o filme e recontação da narrativa do vídeo exibido.
- Discussão e troca de ideias sobre os temas abordados.

Avaliação:

Serão avaliadas as habilidades em L1 e L2, tanto da escrita quanto da língua de sinais na interpretação, bem como a capacidade de expressar suas opiniões.

Aplicativo gratuito para aprender os primeiros sinais e o alfabeto em Libras

Não precisa instalar. Basta **acessar direto pelo link:** https://aprenda-libras.surdoparasurdo.com.br

Bônus Ebook gratuito para acessibilidade com pessoas surdas no trabalho

Basta baixar o PDF direto no link: https://drive.google.com/file/d/1Z3YSevOIy8CrMagsXS4-0B3PMv3VM2sf/view?ref=blog.inboarding.co&pli=1, com acesso em 13 abr. 2024

Sugestões de filmes que podem ser exibidos aos alunos surdos, pelas narrativas que fazem alusão a identidade surda:

O Milagre de Anna Sullivan (EUA, 2000)

Gravado em 1962 a partir de texto de William Gibson, "O Milagre de Anne Sullivan" ganha nova roupagem, em versão produzida pela Disney para a TV. Dirigido por Nadia Tass, o filme retrata o início do trabalho de Anne Sullivan em sua árdua missão de educar a pequena Helen Keller (surdocega, uma das mais proeminentes ativistas pelos direitos das pessoas com deficiência do século XX). Pelas mãos da professora/tutora, Hellen Keller (então uma menina tida como não-educável) adentra o universo da linguagem, significando aos poucos o mundo ao seu redor.

Mr. Holland – Adorável Professor (EUA, 1995)

Em 1964 um músico (Richard Dreyfuss) decide começar a lecionar, para ter mais dinheiro e assim se dedicar a compor uma sinfonia. Inicialmente, ele sente grande dificuldade em fazer com que seus alunos se interessem pela música e as coisas se complicam ainda mais quando sua mulher (Glenne Headly) dá luz a um filho, que o casal vem a descobrir mais tarde que é surdo.

Para poder financiar os estudos especiais e o tratamento do filho, ele se envolve cada vez mais com a escola e seus alunos, deixando de lado seu sonho de tornar-se um grande compositor. Passados trinta anos lecionando no mesmo colégio, após todo este tempo uma grande decepção o aguarda.

A Família Bélier (França, 2014)

Paula (Louane Emera) é uma adolescente francesa que enfrenta todas as questões comuns de sua idade: o primeiro amor, os problemas na escola, as brigas com os pais. Mas, a sua família tem algo diferente: seu pai (François Damiens), sua mãe (Karin Viard) e o irmão são surdos. É Paula quem administra a fazenda familiar, e que traduz a língua de sinais nas conversas com os vizinhos. Um dia, ela descobre ter o talento para o canto, podendo integrar uma escola prestigiosa em Paris. Mas como abandonar os pais

E seu nome é Jonas (EUA, 1979)

Por um erro de diagnóstico, Jonas, um garoto surdo, é internado - ainda pequenino - em uma instituição para crianças com deficiência intelectual. Sua família ouvinte, ao descobrir o engano, retira-o do internato e o traz de volta à casa, matriculando-o em uma escola (oralista) para surdos. A dificuldade de comunicação, a falta de uma língua, os olhares estereotipados e o pouco conhecimento sobre a surdez começam a colocar novos desafios para o garoto e seus pais, que passam a enfrentar uma série de percalços. Um dia, sua mãe encontra um casal de surdos (um deles, Paul, é protagonizado por Bernard Bragg) e, por meio desse casal, visita um clube de surdos local. Dessa visita, um novo mundo se abre para Jonas e seus familiares.

Black (Índia, 2005)

Michelle McNally é uma garota surdocega nascida em uma rica família anglo-indiana. Ainda pequena, prestes a ser internada em um asilo, passa a ser educada por um brilhante professor (Debraj Sahai), com quem divide sonhos e vivencia os momentos mais importantes de sua vida. De criança "intratável", Michelle passa a se comunicar por língua de sinais tátil, escrita manual, Braille e Tadoma, realizando grandes conquistas. Quando reencontra o seu professor, sua luz é que os guia na escuridão. Nada que eu ouça (EUA, 2008) O filme conta a história de uma família em conflito. Laura e Dam Miller são pais de Adam, um menino com deficiência auditiva. Dam, que é ouvinte, acredita que o melhor para o filho é fazer um implante coclear, para tentar recuperar sua audição. Mas para Laura, que é surda, a cirurgia é arriscada e desnecessária. Os dois entram em uma briga judicial pelo futuro do menino. Tocando em questões como aceitação, empatia, e a valorização da cultura surda, o filme é capaz de emocionar e chamar a atenção do público para um assunto pouco debatido.

Crisálida (Brasil, 2019)

"Num universo onde o som não existe, jovens surdos enfrentam os desafios de uma sociedade desenhada apenas para ouvintes." Esta é a sinopse da Série Crisálida, a primeira série de ficção dramática bilíngue,

em Libras e português, realizada no Brasil. Ao retratar situações familiares, sociais e psicológicas vividas por surdos, a Série Crisálida cruza narrativas e personagens evidenciando como o contato com a língua de sinais é o agente transformador dos envolvidos num universo visual. Realista e polêmica, ousa ao empregar uma linguagem bilíngue no conteúdo ficcional de entretenimento e promete modificar a tradicional percepção sobre os surdos, que segundo o IBGE (2010), somam cerca de 9,7 milhões no nosso país.

Sou surda e não sabia (França, 2009)

Por anos, Sandrine não sabia que era Surda de nascença. Filha de pais ouvintes, frequentou a escola regular, e lá se perguntava como os outros compreendiam o que a professora estava tentando transmitir. O documentário olha para a questão da surdez pela perspectiva de Sandrine e sua história verídica. O filme ainda levanta a discussão sobre a conveniência do implante coclear, da oralização de crianças surdas e da língua de sinais.

Som e Fúria (EUA, 2000)

Documentário lançado em 2000 sobre duas famílias americanas com crianças surdas e seu conflito sobre a possibilidade de dar ou não implantes cocleares a seus filhos, dispositivos implantados cirurgicamente que podem melhorar sua capacidade de ouvir, mas podem ameaçar sua identidade surda.

The Hammer (EUA, 2010)

Filme biográfico, conta a história de Matt Hamill, um dos mais emblemáticos lutadores surdos dos Estados Unidos. Incentivado desde criança por seu avô, Matt fez da luta livre algo central em sua vida, não poupando esforços para ser o melhor. Quando jovem, depois de perder uma bolsa de estudos na Universidade de Purdue, Hamill ingressou na RIT (*Rochester Institute of Technology*), onde — além de brilhar em campeonatos nacionais — estreitou contato com o mundo surdo (e com a Língua de Sinais Americana) e conheceu Kristi, militante Surda por quem logo se apaixonou. O filme conta com a participação de outros personagens surdos e traz à tona uma série de questões relacionadas ao dia-a-dia de pessoas surdas.

A família Bélier (França, 2015)

Toda a família Bélier é surda, com exceção de Paula (Louane Emera). A jovem de 16 anos é a intérprete oficial dos pais e figura fundamental na administração da fazenda. Um dia ela descobre ter um dom para o canto e decide participar de um concurso da Radio France.

Disponível em: https://youtu.be/y0pnVZLD4eU

Acesso em: 13 abr. 2024

Sugestão de série

Switched at Birth (EUA, 2011)

A série conta a história de duas adolescentes que foram trocadas na maternidade. Bay Kennish cresceu em uma família rica, com seus pais e um irmão. Enquanto isso, Daphne Vasquez cresceu filha de mãe solteira. Além disso, a garota contraiu meningite quando criança, sendo então surda como sequela da doença. A situação se torna dramática quando as famílias se encontram e precisam aprender a viver juntas, para o bem das garotas.

Disponível em: https://youtu.be/IUXROwcfcnU

Acesso em: 13 abr. 2024

Sugestão de filmes de curta-metragem

Tamara

Curta em Língua Americana de Sinais (ASL)

O curta **Tamara** é uma animação que conta a história de uma menina Surda que sonha em ser bailarina, e seu sonho considerável impossível para a maioria das pessoas, mas para ela não. Um sonho que no olhar de muitos parece impossível. O filme é curtinho, mas aborda uma questão muito simples e importante: o Surdo tem o mesmo potencial que qualquer outro, tudo vai depender das oportunidades e do olhar que lançarmos sobre ele.

Disponível em: https://youtu.be/SNRFDkKEqhk
Acesso em: 13 abr. 2024

3. Repassar conceitos por apresentações de imagens

As imagens, se em meio digital, podem ser reproduzidas com a ajuda de um projetor multimídia. Outra opção é usá-las de forma impressa. Segundo o estudo, o emprego de slides para a aula é, talvez, a estratégia mais aplicada atualmente. Contudo, recomendam-se alguns cuidados. A exagerada utilização de textos está entre um dos aspectos que devem ser evitados. Os slides devem ter o máximo de detalhes de informações visuais possíveis, como imagens, desenhos e figuras, além de frases curtas, preferencialmente associadas com as ilustrações.

4. Recorrer ao Ambiente Virtual do *Moodle*

A plataforma *Moodle* facilita ao estudante surdo um acompanhamento mais compreensível sobre algum assunto, tendo a oportunidade de interagir diretamente com os seus colegas e professores, independentemente da presença do intérprete em Libras. Com antecedência, deve ser disponibilizado o conteúdo impresso para o acadêmico reproduzir em

ambiente virtual. Dessa forma, o acompanhamento fica mais fácil, sem a perda do foco no intérprete para copiar o conteúdo.

A pesquisa também expressa que a pessoa surda entende a partir do olhar aquilo que deve ser feito. Assim, não é necessária permanentemente a presença de um intérprete, o que acaba favorecendo a autonomia acadêmica.

5. Comunicação do professor diretamente com o aluno surdo

Atividades práticas e com mais acessibilidade, de forma que os surdos possam participar e entender olhando o que deve ser feito, sem necessidade constante do intérprete. Os professores devem aprender mais alguns sinais básicos para que preciso no curso para se comunicar diretamente com os alunos surdos.

6. Utilização de canais do Youtube

Português com Libras

Disponível em: https://www.youtube.com/@PortuguescomLibras

Min e as Mãozinhas (Paulo Henrique dos Santos)

Disponível em: https://www.youtube.com/channel/UCJtOTvG4EvBGkvtTVVv8Lpg

Mãos Aventureiras (Carolina Hessel)

Disponível em: https://www.youtube.com/c/M%C3%A3osAventureiras/videos

Fluindo Libras (Equipe de tradutores ouvintes e surdos)

Disponível em: https://www.youtube.com/channel/UCbb12XhYaUrfgvxv8lCQ3cw/videos

Projeto Casa Libras (UFSCar)

Disponível em: https://www.youtube.com/watch?v=GC8OBOuduOY&feature=youtu.be

7. Recursos Didáticos, tendo como referência Quadros, Schmiedt (2006)

Fichário

Descrição do material:

- Consiste em uma caixa repleta de fichas padronizadas, contendo figuras e palavras que representam uma variedade de objetos e conceitos, com o propósito de auxiliar na aprendizagem da língua portuguesa.

- A caixa deve ter dimensões adequadas, sugeridas em 50cm x 25cm, e ser feita de material resistente devido ao manuseio frequente. As fichas, confeccionadas em papel cartão ou folhas de desenho, devem ter no mínimo 20cm x 15cm e idealmente serem plastificadas para maior durabilidade.
- As figuras devem ser selecionadas de modo a serem claras, nítidas e representarem fielmente os objetos, preferencialmente recortadas de revistas, jornais ou fotos, evitando desenhos.

- É importante que as figuras sejam «limpas», sem elementos que possam distrair ou confundir a atenção.
- Quanto às palavras, estas podem ser apresentadas de diferentes formas nas fichas, como escrita com letra bastão ou cursiva, abaixo da figura ou em cartões separados.
- As fichas podem ser organizadas na caixa por ordem alfabética ou por categorias, como alimentos, vestuário, lugares, profissões, partes do corpo, entre outros.
- O fichário deve estar acessível em um local de fácil alcance, como uma estante ou a mesa do professor, e as crianças devem ser encorajadas a manipulá-lo livremente, estimulando assim sua iniciativa em buscar e expandir seu conhecimento da língua portuguesa.

Dentre as sugestões de uso para o fichário, estão diversas atividades que visam aprimorar o vocabulário e a compreensão da língua portuguesa. Algumas utilidades dessa dinâmica são:

- Introduzir novas palavras;
- Associar sinais feitos pela criança à figura ou palavra correspondente, especialmente quando houver dúvidas ou dificuldades de compreensão;
- Realizar atividades lúdicas, como procurar figuras que iniciem com a letra sugerida pelo professor ou colega utilizando o alfabeto manual, organizar figuras de acordo com critérios diversos como ordem alfabética, quantidade de letras ou sílabas, ou semelhanças de configuração manual, e agrupar figuras por classes de palavras utilizando cartões com categorias como "BRINQUEDOS" e selecionar apenas as fichas que se encaixem nessa categoria;
- Praticar expressão corporal ao escolher uma figura e representá-la apenas com o corpo, através de posturas, expressões faciais ou mímica;
- Reforçar o vocabulário ao apresentar uma palavra para que a criança procure a figura correspondente, ou mostrar a figura para que a palavra seja escrita;
- Estimular a escrita combinando duas ou três fichas para que a criança formule uma frase utilizando todas elas, como por exemplo

"bola-casa-menina", resultando em "A menina tem uma bola em casa." Essas atividades promovem a interação e o aprendizado ativo das crianças, proporcionando uma experiência educativa dinâmica e envolvente.

Dicionário Libras/Português

Os dicionários bilíngues são recursos indispensáveis em ambientes educacionais voltados para o ensino de surdos.

Estes materiais podem ser adquiridos comercialmente ou elaborados em forma de apostilas adaptadas às necessidades e práticas locais.

Sugerimos o dicionário bilíngue Português X Libras e Libras X Português, de bases linguísticas, com sinais filmados em movimentos, o que permite que seja visto em sua totalidade, disponível no site do INES em https://www.ines.gov.br/dicionario-de-libras/, cujo acesso tivemos em 13 de abril de 2024. Organizado metodologicamente por especialistas surdos, filólogos, lexicólogos e linguistas, disponibiliza oito mil sinais/vídeos animados (com movimento), em ordem alfabética.

Sugestões de uso:

O dicionário deve ser consultado pelo professor durante o planejamento e execução das aulas, sempre que surgirem dúvidas ou quando houver a necessidade de utilizar um sinal específico. Isso evita a improvisação de sinais que possam comprometer a comunicação. Além disso, as crianças também podem utilizar o dicionário para pesquisar palavras desconhecidas;

Utilizá-lo como recurso para copiar sinais, facilitando a criação de jogos, fichas e exercícios de fixação. Essas práticas promovem a ampliação do vocabulário e o desenvolvimento das habilidades linguísticas dos alunos surdos.

Dicionário configuração de mãos/português

Inicialmente, pode-se encontrar a configuração de mãos em https://drive.google.com/file/d/1kAXCzfzz9QckvHsfaijXjyabW2O_joQE/view (acesso em 13 de abril de 2024). E o alfabeto em: https://drive.google.com/file/d/1aIZ54WGp4aqMqL6e2v5s455CRq1DU5HD/view. Acesso em: 13 abr. 2024.

Descrição do material:

Esse recurso pode ser construído em colaboração com o aluno durante as aulas, com o intuito de incentivá-lo a buscar autonomamente as palavras que necessita para sua produção escrita.

- Tradicionalmente, crianças ouvintes elaboram esse tipo de dicionário começando pela primeira letra da palavra, organizando-o em ordem alfabética.
- Consiste em um caderno dividido por letras do alfabeto nas margens das páginas, onde as palavras são adicionadas junto com suas figuras correspondentes.
- Para crianças ouvintes, a busca nesse dicionário é guiada pelo som das palavras, o que não é o caso para crianças surdas. Sem uma relação direta entre o sinal e a letra inicial.

> **Criança**: – Professora, como se escreve "árvore"?
>
> **Prof**.:– Árvore? Ah! Você já tem no dicionário. Onde você acha que está escrita esta palavrinha? Com que letra ela começa?
>
> **Criança**: – Árvore...ar... a... Já sei, começa com A.
>
> **Prof**.:– Isso mesmo! Então encontre você mesma.

A proposta apresentada aqui é adaptar esse modelo de dicionário, onde a base da busca não seja a letra, mas sim a configuração de mão. A partir da configuração, a criança pode localizar a página correspondente e, então, encontrar a figura ou sinal com o nome escrito abaixo.

Sugestões de uso:

Adicionar semanalmente no caderno as palavras novas trabalhadas em aula. Sugere-se reservar as sextas-feiras para revisão do vocabulário e adição no dicionário, permitindo que a criança leve o caderno para casa para buscar e colar as gravuras correspondentes durante o final de semana. Essa atividade deve ser conduzida pela criança com apoio ou orientação do professor ou dos pais;

- Utilizar sempre que a criança não souber como escrever uma determinada palavra;
- Servir de apoio em qualquer atividade, seja durante as atividades de leitura e produção textual, ou durante atividades lúdicas.

Vejamos o modelo de caderno montado com as palavras trabalhadas:

O Dicionário de Configurações das Mãos em Libras apresenta caminhos para o ensino de Libras como segunda língua, buscando identificar os processos facilitadores na aprendizagem dos alunos ouvintes matriculados nos cursos de Libras. Visa também tornar o trabalho do professor ou instrutor de Libras mais eficaz, sempre na perspectiva de ampliação do vocabulário destes alunos, tendo um melhor aproveitamento do tempo nos cursos, bem como esclarecer que o processo de formação e produção de um sinal em Libras ocorrem, também, a partir dos parâmetros de configuração das mãos.

Caixa de Gravuras

A caixa de gravuras consiste em uma caixa de tamanho igual ou maior que uma caixa de camisa, com tampa, identificada e bem decorada, feita de material resistente.

As gravuras contidas nesta caixa são escolhidas para apresentar uma variedade de informações visualmente atrativas, representando acontecimentos, situações, personagens, lugares e paisagens.

Devem ter no mínimo o tamanho de uma folha A4 e serem coladas em papéis mais firmes, como cartolina ou cartão, para maior durabilidade e visibilidade, especialmente durante atividades em grupo.

Sugestões de uso:

- Explorar elementos das gravuras de forma sinalizada e escrita;
- Criar frases ou textos inspirados nas gravuras;
- Imaginar o que teria acontecido antes e depois do momento retratado na gravura;
- Brincar com as gravuras, como escolher e mostrar três gravuras diferentes e contar uma história em língua de sinais ou escrever no quadro, para que a criança identifique a qual gravura a história se refere;
- Espalhar na mesa algumas gravuras viradas para baixo, para que a criança escolha uma e invente uma história sobre ela, que pode ser registrada posteriormente;
- Montar um teatro a partir de uma gravura escolhida aleatoriamente, apresentá-lo e depois trabalhar em conjunto o registro da experiência em diferentes tipos de texto;
- Trabalhar a interpretação escrita a partir das gravuras, fazendo perguntas como "Quem você vê?", "O que está fazendo?", "O que acha que aconteceu antes deste momento?", entre outras;

- Utilizá-las durante atividades de mesas diversificadas;
- Integrá-las em outros conteúdos curriculares.

Caixa de verbos

Descrição do material:

A caixa de verbos é um recurso valioso no início do trabalho com produção textual, auxiliando as crianças a expressarem com clareza e definição seus pensamentos na forma escrita.

Muitas vezes, na conversação em língua de sinais, o verbo é omitido ou incorporado em outro sinal, o que pode levar a criança a não incluir o verbo ao passar seu pensamento para o papel. Por isso, este recurso pode ser explorado tanto para a compreensão dos verbos quanto para esclarecer seu uso adequado.

> Onde você foi sábado?
> Eu casa vovó.
> O que você fez lá?
> Eu bicicleta.

De tamanho equivalente a uma caixa de camisa, preferencialmente feita de material resistente, com tampa e identificada para que as crianças possam acessá-la independentemente, se necessário.

As gravuras devem ser recortadas de diferentes ações, coladas separadamente em folhas tamanho A4 ou ofício, com o verbo escrito abaixo para que a palavra possa ser dobrada para trás em algumas atividades.

Cada gravura deve representar claramente uma ação específica e o verbo correspondente deve ser escrito de forma destacada abaixo dela.

Sugestões de uso:

- Brincar com mímica:
- Uma criança seleciona um verbo da caixa e o representa por meio de mímica, enquanto os demais tentam adivinhar qual foi o verbo apresentado. Se já conhecerem o verbo, podem escrevê-lo no quadro ou o professor pode ensiná-lo;
- Espalhar várias folhas da caixa na mesa ou no chão, viradas para baixo, e cada criança escolhe uma, forma uma frase com o verbo escolhido e a registra em uma folha de cartolina. Depois, podem-se desenvolver diversas atividades com as frases, como destacar os verbos com canetas coloridas, recortar as frases para fazerem desenhos correspondentes, usá-las como base para montagem de textos individuais ou em grupo, reescrevê-las em outros tempos verbais, entre outras;
- Organizar competições entre duplas ou equipes, onde um grupo apresenta ao outro um verbo já trabalhado e este deve fazer o sinal do verbo em alfabeto manual;
- Propor que a criança escreva uma pequena história utilizando 3 ou 4 verbos fornecidos;
- Permitir que as crianças usem a caixa como um mini-dicionário quando estiverem escrevendo e não lembrarem a forma escrita de uma ação pensada.

Caixa de Alfabeto em Libras e Português

Descrição do material:

A caixa de alfabeto em Libras e Português consiste na aquisição ou confecção de conjuntos de alfabetos em ambas as línguas para serem utilizados em diversos momentos de aprendizagem.

Os conjuntos podem ser feitos em pequenos cartões de 2cm x 2cm, podendo ser coloridos ou não, e plastificados para maior durabilidade.

Sugestões de uso:

- O professor pode montar palavras em alfabeto manual para que a criança as monte abaixo em português;
- Realizar pareamento de letras entre os dois alfabetos;
- Brincar de palavras cruzadas com o alfabeto em português;
- Montar palavras e trocar letras para formar outras palavras;
- Brincar com as letras em um saco, onde uma criança tira uma letra para que as outras apresentem sinais de objetos cujos nomes em português comecem ou terminem com a letra escolhida;
- Brincar de formação de frases onde todas as palavras comecem com a letra sorteada, por exemplo: "C" - "Carlos comeu chocolate com coco.";
- Organizar jogos de bingo utilizando este recurso, com figuras e letras, ou palavras e letras. Essas atividades proporcionam uma maneira interativa e lúdica de aprender tanto o alfabeto em Libras quanto em Português, promovendo o desenvolvimento linguístico e a integração entre as duas línguas.

Caixa de Histórias em Sequência

Descrição do material:

A caixa de histórias em sequência contém uma variedade de histórias organizadas em sequências, com atenção para incluir narrativas com diferentes números de cenas.

Os quadros das histórias são recortados e colados em papel cartão, sendo separados em saquinhos individuais ou com clipes para facilitar o acesso e manuseio.

Sugestões de uso:

- Pode ser utilizada para a formação de frases ou textos, permitindo que as crianças criem suas próprias narrativas com base nos quadros das histórias;
- É útil nas atividades de mesas diversificadas, proporcionando uma opção de atividade criativa e envolvente;
- Estimula o pensamento e a criatividade das crianças, incentivando-as a inventar finais diferentes para as histórias, imaginar como a história continuaria, ou discutir hipóteses de desfechos com base nos primeiros quadros apresentados;
- Os quadros das histórias podem ser usados para montar livrinhos que comporão a minibiblioteca da sala, oferecendo às crianças a oportunidade de ler e apreciar as histórias que elas mesmas podem criar e recriar.

Calendários

Descrição do material:

O calendário é uma ferramenta amplamente utilizada nas escolas, especialmente nas séries iniciais, com o propósito de auxiliar as crianças no desenvolvimento da noção temporal.

Sugestões de trabalho adaptadas à educação de surdos:

Calendário anual:

Este calendário deve ser confeccionado em um tamanho visível, com peças grandes manipuláveis pelas crianças, feitas de materiais duráveis como EVA com velcro, feltro ou imantado, e fixado em uma parede da sala para ser utilizado em grupo diariamente.

Cada peça deve apresentar a palavra e o sinal correspondente, incluindo uma para cada mês, dia da semana, dia do mês (número) e ano corrente.

As peças podem ser guardadas em caixinhas próximas ao calendário para serem retiradas apenas quando em uso. No entanto, é recomendável, especialmente no início do trabalho, que estejam expostas nas laterais do próprio calendário, em sequência correta, para que as crianças tenham uma visão completa do ano e possam visualizar o passado e o futuro.

Ano:	Estamos no ano:
Mês:	Este é o mês de:
Dia:	Hoje é dia:
Dia da semana:	Hoje é:

No centro do calendário ficam as informações que devem ser trabalhadas e trocadas diariamente, podendo conter apenas palavras e sinais significativos ou frases.

Calendário mensal com relatório:

Esse modelo pode ser feito em tamanho grande para ser colocado em um cavalete e preenchido coletivamente ou em tamanho pequeno para ser colado no caderno e preenchido individualmente.

Pode ser preenchido apenas com números, representando os dias do mês, ou pode incluir informações como o estado do tempo e atividades marcantes de cada dia.

Deve ser preenchido e explorado diariamente, com a adição de folhas no início de cada mês, seguida por uma conversa em língua de sinais sobre o mês que se inicia e o que terminou.

Após o preenchimento mensal, pode-se elaborar um relatório escrito a partir da conversa ou em formato de questionário com base em um roteiro de perguntas formuladas pelo professor.

RELATÓRIO DO MÊS:..........................

Quantos dias tiveram este mês?...............

Quantos dias tiveram sol?.......................

Quantos dias tiveram chuva?...................

Quantos dias tiveram aula?.....................

Quantos dias ficaram em casa?...............

Quem faltou à aula neste mês?................

Alguém fez aniversário neste mês? Quem?

....

Quantos dias você não desenhou nada?.....

Que data comemorativa teve neste mês?

....

Desenhe o que você mais gostou de fazernas aulas deste mês:

Diário Coletivo

Descrição do material:

O diário pessoal é uma ferramenta valiosa para incentivar as crianças a expressarem seus sentimentos e pensamentos, além de estimular o desenvolvimento da produção escrita.

Cada criança pode ter seu próprio caderno e deve ser orientada sobre como fazer seus registros diários.

Uma sugestão interessante é utilizar o mesmo conceito de diário individual para criar um diário coletivo, onde todo o grupo participa das anotações.

Sugestões de uso:

- Em vez de vários diários individuais, há apenas um diário para todo o grupo;
- A cada dia, uma criança leva o diário para casa ao final da aula para preenchê-lo;
- O professor orienta os alunos a registrarem o que aconteceu na aula, os assuntos estudados ou o que mais chamou sua atenção;
- No dia seguinte, o registro é apresentado à turma em língua de sinais, e o diário é passado para outro colega;
- As anotações diárias podem ser aproveitadas como texto para atividades de língua portuguesa, proporcionando uma oportunidade de prática de escrita e interpretação textual.

Cartaz de Aniversário

Descrição do material:

O cartaz de aniversário é um recurso que exibe todas as datas de aniversário das pessoas que fazem parte do grupo.

Cada indivíduo pode ser identificado no cartaz com seu sinal correspondente e a data de seu aniversário.

1. Nós estamos no mês de março e Ângela faz aniversário em novembro. Quantos meses faltam?
2. André tem 10 anos e João tem 12. Quem é o mais velho?
3. Nós estamos em 2006 e Lídia fez 10 anos. Em que ano ela nasceu?
4. Quem faz aniversário daqui a 4 meses?

Sugestões de uso:

- O cartaz pode ser utilizado para desenvolver a noção temporal por meio de questionamentos sobre a proximidade dos aniversários, quantos dias ou meses faltam para o aniversário de alguém, ou comparando datas de nascimento entre as crianças para determinar quem nasceu antes ou depois, quem é mais novo ou mais velho, entre outros aspectos.

- Esses questionamentos devem ser iniciados por meio de conversas em língua de sinais, mas também podem ser registrados por escrito.
- Uma sugestão adicional é criar uma linha do tempo para o aniversariante no dia de seu aniversário, utilizando fotos, desenhos ou textos para destacar detalhes sobre seu nascimento, família, amigos, escolas e eventos importantes em sua vida.
- Os dados do cartaz também podem ser utilizados para trabalhar com problemas matemáticos e sentenças, proporcionando uma abordagem prática para a aprendizagem de matemática.

Mural Libras/Português

Descrição do material:

O mural LIBRAS/Português consiste em reservar um espaço na sala de aula para montar um mural, preferencialmente próximo ao quadro ou em uma parede facilmente visível por todos os alunos. Esse mural pode ser feito de diversos materiais, como cortiça, feltro, ráfia, isopor ou compensado, garantindo resistência para a troca de fichas ao longo do ano. Evita-se o uso de papel ou cartolina, pois não são tão duráveis.

Este recurso é destinado a permanecer na sala durante todo o ano letivo, com o objetivo de auxiliar os alunos na fixação de palavras ou expressões em português, até que possam utilizá-las sem apoio visual. Também é útil para professores que não dominam a Libras ou quando se tratam de sinais novos para eles.

No mural, serão afixados cartões ou fichas contendo palavras ou expressões que estão sendo trabalhadas em aula. Essas fichas podem mostrar o sinal-libras, a figura correspondente e a palavra em português, ou apenas o sinal e a palavra, ou ainda a figura e a palavra. Além disso, é possível utilizar os cartões do fichário da sala.

As fichas do mural devem ser trocadas periodicamente, sempre que um novo tema ou conteúdo for introduzido ou quando o professor perceber que os alunos já têm condições de utilizar as palavras sem apoio visual.

No início da alfabetização, pode-se ter um mural fixo à parte, com as ordens mais comuns da rotina escolar, acompanhadas do respectivo sinal ou desenho, para que as crianças se familiarizem com elas. Por exemplo: "pinta", "recorta", "sublinha", "copia", "desenha", "escreve", "cola", "pega o caderno" e "guarda o material".

Biblioteca da Turminha ou Canto da Leitura

Descrição do espaço:

O espaço da Biblioteca da Turminha ou Canto da Leitura deve ser concebido como um ambiente acolhedor e atrativo na sala de aula, com o objetivo de estimular o gosto pela leitura nas crianças. Aconchegante e atrativo não significa necessariamente um espaço que demande uma organização dispendiosa, mas sim criativa.

Idealmente, esse espaço deve ser localizado em um canto da sala, de forma a não distrair as crianças que estejam realizando outras atividades, e onde seja possível sentar no chão sobre um tapete ou uma colcha, com algumas almofadas para maior conforto.

É importante que haja um local específico para guardar os livros, que pode ser uma estante, uma prateleira fixada na parede ou até mesmo uma caixa grande bem decorada.

Os livros podem ser adquiridos pela escola, obtidos por meio de doações em uma campanha promovida pela própria turma, ou ainda confeccionados pelas crianças em grupo ou individualmente. A variedade dos livros deve contemplar diferentes conteúdos e formas, incluindo contos de fadas, histórias de suspense e ação, poesias, gibis, revistas, jornais, livros com e sem ilustrações, entre outros.

Esse espaço pode ser utilizado para momentos de contação de histórias em língua de sinais e para leitura individualizada, durante os tempos livres das crianças.

Estimular o gosto pela leitura é essencial para que a criança surda se interesse e se desenvolva melhor no conhecimento e no uso da Língua Portuguesa.

Orientações de Leituras:

ALVES, Roberto Antonio. **O Ensino da Língua Portuguesa como Segunda Língua (L2) para Estudantes Surdos em uma Instituição Especializada**. Tese (doutorado) - Universidade Estadual Paulista (Unesp). Faculdade de Ciências e Tecnologia. Presidente Prudente. 2022, 322 f. Disponível em: https://l1nq.com/e0nct. Acesso em: 26 ago. 2023.

BRASIL. **Lei nº 14.533, de 11 de janeiro de 2023**. Institui a Política Nacional de Educação Digital e altera as Leis nºs 9.394, de 20 de dezembro de 1996 (Lei de Diretrizes e Bases da Educação Nacional), 9.448, de 14 de março de 1997, 10.260, de 12 de julho de 2001, e 10.753, de 30 de outubro de 2003. Disponível em: https://www.planalto.gov.br/ccivil_03/_ato2023-2026/2023/lei/L14533.htm. Acesso em: 13 abr. 2024.

LIMA, Juliana Corrêa de. Estratégias de ensino para alunos com surdez: Dissertação de mestrado trata de técnicas que devem ser utilizadas com surdos, estimulando a inclusão. 2021. **Revista Arco**: Jornalismo científico e cultural. Disponível em:

https://www.ufsm.br/midias/arco/estrategias-de-ensino-para-alunos-com-surdez-na-universidade. Acesso em: 25 jan. 2023.

PERLIN, Gladis Terezinha Taschetto. O lugar da cultura surda. In. THOMA, Adriana da Silva. A Inversão Epistemológica da Anormalidade Surda na Pedagogia do Cinema. *In*: THOMA, Adriana da Silva; LOPES, Maura Corcini (orgs.). **A Invenção da Surdez:** Cultura, Alteridade, Identidade e Diferença no Campo da Educação. 1ª reimp. Santa Cruz do Sul: EDUNISC, 2005.

QUADROS, Ronice Müller de. SCHMIEDT, Magali L. P. **Ideias para ensinar português para alunos surdos.** Brasília: MEC; SEESP, 2006.

RAMOS, Danielle Cristina Mendes Pereira. ABRAHÃO, Bruno. Literatura surda e contemporaneidade: contribuições para o estudo da visual vernacular. **Pensares em Revista**, São Gonçalo, n. 12, p. 56-75, 2018.

CAPÍTULO 7:

PRÁTICAS PEDAGÓGICAS PARA A AVALIAÇÃO DO SISTEMA DE ESCRITA

1. Contextualização do tema

Um texto é gerado a partir de outros textos. Então, antes de avaliar a escrita é necessário criar *inputs*. Em outras palavras, quanto mais o professor inserir o aluno surdo na situação em que se enquadra a atividade proposta, quanto mais contextos linguísticos e situações extra-linguísticas forem apresentados ao aprendiz, melhor será o resultado (Salles *et al.*, 2004).

No Brasil, com a Lei nº 10.436, de 24 de abril de 2002, oficializou-se a Língua Brasileira de Sinais (Libras), tornando possível realizar discussões relacionadas à necessidade do respeito às particularidades linguísticas da comunidade surda e do uso dessa língua nos ambientes escolares. No entanto, segundo Fernandes (2007, p. 1):

> segue desconhecida pela maioria da sociedade e, à seme-lhança de outros idiomas minoritários como as diversas línguas indígenas, não possui prestígio social e sua utilização permanece restrita a segmentos em que haja a aglutinação de pessoas surdas como: associações, escolas especiais, pastorais e ministérios, se considerarmos as formas de orga-nização de igrejas católicas e evangélicas, respectivamente.

Muitos representantes de comunidades de falantes de diferentes lín-guas, especialistas e pesquisadores vêm demandando o reconhecimento de direitos linguísticos. Nesta atividade proposta, a partir da leitura de Sueli Fernandes (2007), buscamos aproximar os princípios teóricos, legais e metodológicos da educação de surdos sob o olhar diferenciado em relação à produção escrita dos surdos, respeitando e reconhecendo sua singulari-dade linguística.

Objetivos principais deste capítulo:

- Estabelecer relações entre o texto e conhecimentos prévios, vivências, valores e crenças dos surdos.
- Identificar as particularidades linguísticas na produção textual de alunos surdos, a fim de avaliar sem preconceito linguístico.

> Avaliar sem preconceito linguístico. O aluno surdo fala uma língua e precisa escrever em outra. Então, é preciso considerar a diversidade linguística, as diferentes situações, as atitudes humanas implicadas nos usos da língua portuguesa (LP) e às variedades linguísticas de menor prestígio social na hora de corrigir um texto.

2. Principais pontos de Leitura e Discussão:

Atualmente, muitos surdos são considerados iletrados funcionais. No Brasil, a grande maioria dos surdos adultos não domina a LP. Outra parcela não tem a Língua de Sinais, seja por motivo de isolamento social, seja pela opção da família ou por uma escola que não utiliza a Libras (Guarinello, 2007, p. 53).

Os critérios de avaliação precisam ser adaptados para refletir as dificuldades específicas dos surdos em aprender a língua portuguesa como segunda língua. Isso implica em:

- Valorizar o conteúdo sobre aspectos formais e a comunicação. Dado que os surdos podem enfrentar desafios na expressão escrita devido à sua formação linguística baseada em Libras, é crucial reconhecer seus esforços para se comunicar.

- Considerar a estrutura gramatical da Libras e as diferenças entre Libras e português na organização das ideias.

- Atenção às peculiaridades linguísticas. Problemas comuns encontrados nos textos produzidos por surdos, como concordância verbal e nominal inadequada, uso incorreto de preposições e conectivos, e estrutura frasal atípica, devem ser destacados ao corrigir os textos, oferecendo orientações específicas sobre como melhorar.

- Focar na progressão e no desenvolvimento contínuo. A aquisição da escrita em português é um processo gradual para os surdos, portanto, é importante encorajá-los a progredir, fornecendo *feedback* construtivo e orientações claras sobre como aprimorar suas habilidades.

- Respeitar a diversidade linguística e cultural dos surdos é imprescindível. A libras possui gramática própria, distinta da língua portuguesa. Então, é possível se verificar na escrita dos surdos algumas diferenciações em relação ao português, tendo em vista que na Língua Portuguesa usa-se a ordem direta: sujeito + verbo + objeto. Já na Libras usa-se de forma invertida: primeiro vem o objeto seguido do verbo e depois o sujeito, ou seja, objeto + sujeito + verbo. Sendo assim, a frase em português "Maria passou na prova", na Libras ficaria "Prova passou Maria".

A seguir, a proposta de avaliar os textos de alunos surdos, a partir do tratamento das práticas de linguagem do estudante surdo, compreendendo as dimensões interrelacionadas à produção (escrita e multissemiótica) e análise linguística/semiótica (que envolve conhecimentos linguísticos – sobre o sistema de escrita, o sistema da língua e a norma-padrão, textuais, discursivos e sobre os modos de organização e os elementos de outras semioses).

Apresentamos abaixo dois textos para análise. Vamos à leitura dos mesmos:

Texto 1

Tragédia em São Paulo

Na terça-feira (dia 16/07) a noite aconteceu uma tragedia do avião com 186 pessoas a bordo do Airbus 320 bateu uma empresa tam e não conseguiu frear o avião. Expoldiu tudo que avião caiu ate posto de gasolina e tinha pessoas atravessam e forem morrem. Tem fumaça grande como bola de fogo e espalham pelo ar. Os bombeiros chegarem e tentam salvar as pessoas, mas, já é tarde que dentro da empresa tinha pessoas estão pedindo socorro e não conseguiram e pularam para fora e alguns morrem e alguns foram hospital com fraturas graves.

O destino do avião era Porto Alegre (Poa).

Texto 2

Aconteceu aeroporto foi acidente na São Paulo horrível história do país. Avião saiu Porto Alegre para São paulo, ela precisa pousar desce para aeroporto. Não conseguir controlar freia na rua. Foi acidente pegou fogo, também contra prédio no fogo na funcionário alguma as pessoas feriu e foi hospital.

Porque na rua foi reformar nova, foi antes primeiro avião pousar já tem problema pisar pouco depois ficou bem. Agora segundo avião pousar foi acidente...

Avião na pessoas passageiro 186, já morreu 105, outro elas foi hospital. Avião da Tam chocar no prédio pegou fogo do prédio.

Tam imformaçou na lista amigos e vitima.

Após a leitura desses textos, a tarefa é analisá-los, considerando os seguintes aspectos:

I.   adequação ao tema proposto;
II.   coerência na seleção dos argumentos;
III.   articulação entre as partes do texto;
IV.   sequência lógica das ideias;
V.   paragrafação;
VI.   ortografia;
VII.   pontuação;
VIII.   acentuação;
IX.   domínio de componentes gramaticais.

Atribuir um conceito de zero a dez para o texto

Proceder o debate, caso seja em grupo. Neste caso, escolher um mediador para registrar os conceitos atribuídos por cada um dos grupos aos textos 1 e 2.

a. Solicitar que os grupos apresentem o conjunto de suas considerações e critérios de avaliação utilizados nos itens propostos.
b. Registrar em que aspectos foram utilizados critérios diferenciados, próprios à avaliação de aprendizes de segunda língua.

c. Posicionar-se, indicando qual conceito foi mais apropriado e mostrou-se coerente e adequado às orientações teórico-metodológicas indicadas no texto estudado.

d. Submeter sua decisão a debate pelo grupo, argumentando sobre os motivos de sua escolha.

Orientações de Leituras:

BRASIL. Ministério da Educação. **Base Nacional Comum Curricular**. Brasília, 2018. Disponível em: http://basenacionalcomum.mec.gov.br/abase/#fundamental/a-area-de-linguagens. Acesso em: 06 fev. 2024.

BRASIL. **Lei nº 10.436, de 24 de abril de 2002.** Dispõe sobre a Língua Brasileira de Sinais - Libras e dá outras providências. Diário Oficial da União, Brasília, DF, 25 abr. 2002. Disponível em: https://l1nk.dev/J680p Acesso em 03 fev. 2024.

FERNANDES, Sueli. **Práticas de letramento na educação bilíngüe para surdos**. Curitiba: SEED, 2006.

CAPÍTULO 8:

PRÁTICA PEDAGÓGICA DE ENSINO E APRENDIZAGEM NO CENTRO DE APOIO PEDAGÓGICO – JEQUIÉ BAHIA

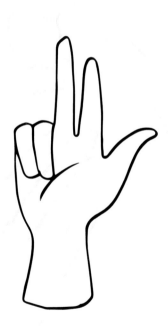

Projeto interdisciplinar: Supermercado do CAPE

Justificativa

As práticas sociais medeiam toda e qualquer atividade humana. Essas práticas são compostas por diferentes linguagens: verbal (oral ou visual-motora, como Libras, e escrita), corporal, visual, sonora e digital. Por meio dessas práticas, as pessoas interagem consigo mesmas e com os outros, constituindo-se como sujeitos sociais (BNCC, 2018). Nessas interações, estão imbricados conhecimentos, atitudes e valores culturais, morais e éticos.

A leitura e escrita das letras e dos números são instrumentos básicos para a vida em sociedade. Mesmo sabendo dessa importância, muitos surdos ainda não conseguiram ingressar na sociedade letrada, ficando relegados à margem da vida social. Sendo assim, este projeto nasceu da necessidade em contextualizar a vida pessoal, em família e em sociedade do estudante surdo e sua relação com o dinheiro.

A proposta deste projeto foi criar um supermercado fictício na sala de aula, objetivando trabalhar conteúdos de forma interdisciplinar (língua portuguesa, matemática, ciências). Na fundamentação teórica há o apoio na Base Nacional Comum Curricular (BNCC) em relação ao desenvolvimento de habilidades, competências e campo do conhecimento. Nas fotos apresentadas, a amostra do projeto aplicado no núcleo de surdez do Centro de Apoio Pedagógico (CAPE) em Jequié, estado da Bahia, no ano letivo de 2023.

Conteúdos, habilidades e competências:

Língua Portuguesa

Conteúdos:

Escrita de uma lista de compras de gêneros alimentícios;
Leitura de embalagens;

Competências:

1. Compreender as linguagens como construção humana, histórica, social e cultural, de natureza dinâmica, reconhecendo-as e valorizando-as como formas de significação da realidade e expressão de subjetividades e identidades sociais e culturais.

2. Conhecer e explorar diversas práticas de linguagem (artísticas, corporais e linguísticas) em diferentes campos da atividade humana para continuar aprendendo, ampliar suas possibilidades de participação na vida social e colaborar para a construção de uma sociedade mais justa, democrática e inclusiva.

3. Utilizar diferentes linguagens – verbal (oral ou visual-motora, como Libras, e escrita), corporal, visual, sonora e digital –, para se expressar e partilhar informações, experiências, ideias e sentimentos em diferentes contextos e produzir sentidos que levem ao diálogo, à resolução de conflitos e à cooperação.
4. Utilizar diferentes linguagens para defender pontos de vista que respeitem o outro e promovam os direitos humanos, a consciência socioambiental e o consumo responsável em âmbito local, regional e global, atuando criticamente frente a questões do mundo contemporâneo.

Habilidades:

(EF15LP06) Reler e revisar o texto produzido com a ajuda do professor e a colaboração dos colegas, para corrigi-lo e aprimorá-lo, fazendo cortes, acréscimos, reformulações, correções de ortografia e pontuação.

(EF15LP01) Identificar a função social de textos que circulam em campos da vida social dos quais participa cotidianamente (a casa, a rua, a comunidade, a escola) e nas mídias impressa, de massa e digital, reconhecendo para que foram produzidos, onde circulam, quem os produziu e a quem se destinam.

(EF01LP01) Reconhecer que textos são lidos e escritos da esquerda para a direita e de cima para baixo da página.

(EF01LP02) Escrever, espontaneamente ou por ditado, palavras e frases de forma alfabética – usando letras/grafemas que representem fonemas.

(EF01LP11) Conhecer, diferenciar e relacionar letras em formato imprensa e cursiva, maiúsculas e minúsculas.

(EF12LP04) Ler e compreender, em colaboração com os colegas e com a ajuda do professor ou já com certa autonomia, listas, agendas, calendários, avisos, convites, receitas, instruções de montagem (digitais ou impressos), dentre outros gêneros do campo da vida cotidiana, considerando a situação comunicativa e o tema/assunto do texto e relacionando sua forma de organização à sua finalidade.

Matemática

Conteúdos:

- Números;
- Sistema de numeração decimal: leitura, escrita, comparação e ordenação de números naturais

Habilidades:

(EF01MA01) Utilizar números naturais como indicador de quantidade ou de ordem em diferentes situações cotidianas e reconhecer situações em que os números não indicam contagem ou ordem, mas sim código de identificação.

(EF03MA20) Estimar e medir capacidade e massa, utilizando unidades de medida não padronizadas e padronizadas mais usuais (litro, mililitro, quilograma, grama e miligrama), reconhecendo-as em leitura de rótulos e embalagens, entre outros

Etapa 1: Preparando o supermercado

Na primeira etapa desse projeto, os alunos terão a tarefa de reunir embalagens vazias de produtos de supermercado, como arroz, feijão, óleo, chocolates, entre outros. É fundamental que essas embalagens estejam bem conservadas para manter a organização na sala de aula.

Além disso, os alunos terão a oportunidade de realizar um levantamento de mercado por meio de uma pesquisa de preços dos produtos que estão utilizando. Esse levantamento pode ser transformado em tabelas e gráficos, e posteriormente, servir como base para uma excelente discussão sobre razão, porcentagem e tratamento da informação.

O professor deve se informar sobre os produtos à venda e os preços que os alunos irão atribuir com antecedência, garantindo que a atividade seja bem planejada e enriquecedora!

Etapa 2: Montando o supermercado

Na primeira parte dessa atividade, os alunos terão a tarefa de "construir" o supermercado. O professor deve orientá-los a expor os produtos escolhidos com organização, separando materiais de limpeza de produtos perecíveis e posicionando produtos semelhantes próximos uns dos outros. Além disso, é importante colocar produtos com maior interesse de venda em posições mais favoráveis.

Nessa etapa, tanto o professor quanto os alunos podem pesquisar técnicas de marketing e vendas para enriquecer a atividade. É interessante que os alunos trabalhem em grupos e que cada grupo escolha os produtos e seus preços de forma independente. A pesquisa de mercado e as técnicas estudadas podem ser úteis nesse processo.

Durante a montagem do supermercado, cada grupo foi responsável por um estande de vendas. Isso permitirá que os alunos apliquem o que aprenderam e coloquem em prática suas habilidades de organização, precificação e estratégia de vendas!

Etapa 3: Compra e venda de produtos

Nessa etapa do projeto, os alunos terão a oportunidade de "abrir o supermercado". O professor pode dividir a sala em dois grupos: consumidores e vendedores. Os vendedores podem ser compostos por um ou dois

alunos de cada estande que foi montado, enquanto o restante dos alunos formará o grupo dos consumidores. Para cada consumidor, o professor pode preparar lista de compra e uma meta de dinheiro que poderá ser gasto.

Os alunos terão liberdade para comprar em qualquer estande e gastar mais ou menos do que a meta sugerida. Essa atividade pode introduzir o conceito de números negativos e levantar discussões sobre crédito e débito.

A responsabilidade dos alunos será fazer as somas dos valores dos produtos, planejar as próximas compras para adquirir tudo que está em sua lista sem ultrapassar o limite de gastos e calcular trocos. Para facilitar, é recomendável que cada estande possua uma calculadora, que poderá ser utilizada, preferencialmente, apenas para conferir cálculos em caso de dúvidas.

Com relação às listas de compras, é interessante impor metas iguais de gastos para os alunos e propor a compra de produtos e/ou quantidades diferentes. Isso incentivará a concorrência e a diversificação de preços entre os estandes, tornando a atividade ainda mais interessante!

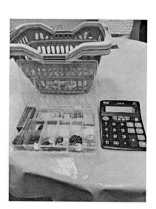

Etapa 4: Discussão da atividade e avaliação

Finalizadas as compras, os alunos voltam aos seus grupos de origem e apresentam suas listas de compras, aquisições, o total gasto, seu troco ou dívida e as contas que foram feitas. Adição e subtração deverão ser feitas com frequência.

Avaliação:

Esse projeto foi aplicado com todos os alunos surdos e em todas as faixas etárias. A avaliação considerou o comprometimento, engajamento, participação, comportamento, registros das operações feitas e também no progresso registrado pelos alunos ao realizar o levantamento de preços e produtos feito anteriormente.

Orientações de leitura:

BRASIL. Ministério da Educação. **Base Nacional Comum Curricular**. Brasília, 2018. Disponível em: http://basenacionalcomum.mec.gov.br/abase/#fundamental/a-area-de-linguagens. Acesso em: 06 fev. 2024.

QUADROS, Ronice Müller de. SCHMIEDT, Magali L. P. **Ideias para ensinar português para alunos surdos.** Brasília: MEC, SEESP, 2006

COMPLETANDO A FORMAÇÃO: LINKS PARA BAIXAR DO ACERVO BIBLIOGRÁFICO

Contextualizando

A formação de professores desempenha um papel fundamental na transformação educacional. Na educação de surdos, a materialidade da docência está em contribuir com a construção desse sujeito.

Para o fechamento deste trabalho de formação, fizemos um levantamento de vários materiais (apostilas de Libras em PDF, livros de Libras em PDF, atividades em Libras em PDF) e disponibilizamos aqui como apoio à educação dos surdos e aos docentes.

1. Ensino de Língua Portuguesa para Surdos - Caminhos para a prática pedagógica – Volume 1

Tem como objetivo apoiar e incentivar a formação de professores de língua portuguesa da Educação Básica que com alunos surdos, contendo subsídios para o ensino da língua portuguesa escrita aos alunos usuários da Libras. É composto de dois volumes.

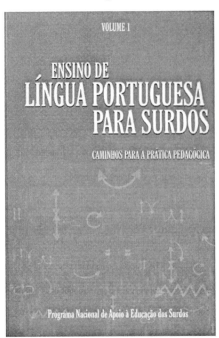

Disponível em: http://portal.mec.gov.br/seesp/arquivos/pdf/lpvol1.pdf
Acesso em: 13 abr. 2024

2. Ensino de Língua Portuguesa para Surdos - Caminhos para a prática pedagógica - Volume 2

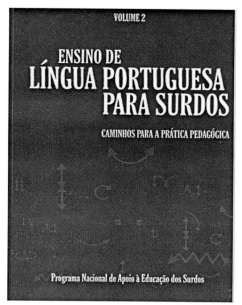

Disponível em: https://www.gov.br/mec/pt-br/media/publicacoes/semesp/lpvol2.pdf.
Acesso em: 13 abr. 2024

3. Língua Brasileira de Sinais: a formação continuada de professores

Disponível em: https://www.edufu.ufu.br/sites/edufu.ufu.br/files/ebook_lingua_brasileira_de_sinais_v3_2016_0.pdf
Acesso em: 13 abr. 2024

4. Língua Brasileira de Sinais: a formação continuada de professores

Disponível em: https://repositorio.ufu.br/bitstream/123456789/34957/1/E-book_Libras%20%282021%29_a.pdf

Acesso em: 13 abr. 2024

5. Língua Brasileira de Sinais I

Disponível em: https://www.libras.ufsc.br/colecaoLetrasLibras/eixoFormacaoEspecifica/linguaBrasileiraDeSinaisI/assets/459/Texto_base.pdf

Acesso em: 13 abr. 2024

6. Curso Básico da Libras (Língua Brasileira de Sinais)

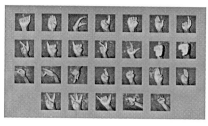

Disponível em: https://clube-delibras.ufc.br/wp-content/uploads/2021/04/apostila-curso-basicolibras-2015.pdf

Acesso em: 13 abr. 2024

7. Ideias para ensinar português para alunos surdos

Disponível em: http://portal.mec.gov.br/seesp/arquivos/pdf/port_surdos.pdf

Acesso em: 13 abr. 2024

8. Educação de surdos: formação, estratégias e prática docente – Wolney Gomes Almeida (organizador)

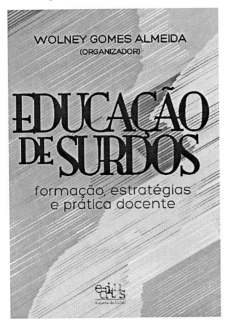

9. O guia-intérprete e a inclusão da pessoa com surdo-cegueira - Wolney Gomes Almeida

Disponível em: https://repositorio.ufba.br/bitstream/ri/17566/1/Tese%20UFBA%20-%20Wolney%20Gomes%20Almeida.pdf

Acesso em: 13 abr. 2024

10. Surdez e inclusão educacional: Diálogos acadêmicos acerca da Educação de Surdos

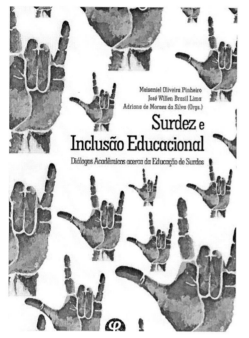

Disponível em: https://docs.wixstatic.com/ugd/48d206_9e17684a-87cb4b2e87ed274ba46fb0ef.pdf

Acesso em: 13 abr. 2024

11. Metodologia da Literatura Surda

Disponível em: https://www.libras.ufsc.br/colecaoLetrasLibras/eixoFormacaoPedagogico/metodologiaDeEnsinoEmLiteraturaVisual/assets/622/TextoBase_MLS_2011.pdf

Acesso em: 13 abr. 2024

12. Dicionário de Configuração das Mãos em Libras

Disponível em: https://issuu.com/edufrb/docs/dicion_rio_de_configura__es_das_m_os

Acesso em: 13 abr. 2024

GLOSSÁRIO

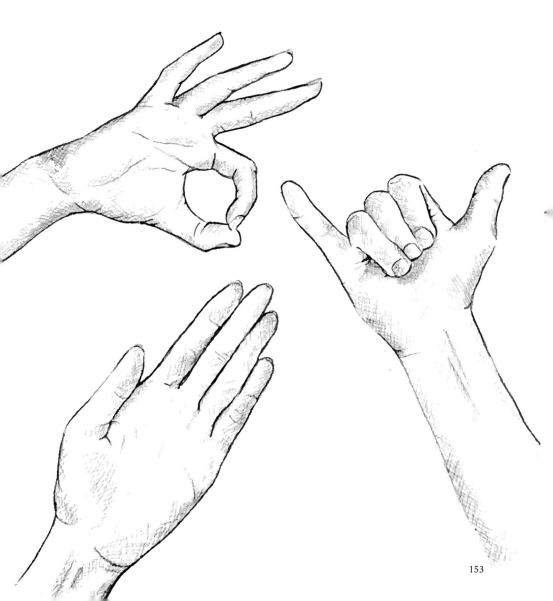

Base Nacional Comum Curricular (BNCC) - é um documento de caráter normativo que define o conjunto orgânico e progressivo de aprendizagens essenciais que todos os alunos devem desenvolver ao longo das etapas e modalidades da Educação Básica, de modo a que tenham assegurados seus direitos de aprendizagem e desenvolvimento, em conformidade com o que preceitua o Plano Nacional de Educação (PNE) (BRASIL, 2018).

Alunos com Deficiência - àqueles que têm impedimentos de longo prazo, de natureza física, mental, intelectual ou sensorial, que em interação com diversas barreiras podem ter restringida sua participação plena e efetiva na escola e na sociedade (BRASIL, 2008, p. 15).

Aluno Surdo – é uma pessoa com os mesmos direitos que qualquer outro cidadão e deve frequentar o sistema regular de ensino.

Cultura surda - de acordo com Strobel (2008, p. 37): "[...] não se refere apenas a materialismos culturais, mas àquilo que na cultura constitui produções do sujeito que tem seu próprio modo de ser, ver, entender e transformar o mundo". Ou seja, os artefatos culturais mobilizados pelas pessoas surdas se referem ao aspecto visual, essencial para a construção de significados sociais, marcando sua inserção no mundo e relações estabelecidas entre as pessoas em sua volta.

Deficiência auditiva – Segundo o Decreto nº 5.626 de 22 de dezembro de 2005, no Capítulo I, Art. 2º, parágrafo único: "Considera-se deficiência auditiva a perda bilateral, parcial ou total, de quarenta e um decibéis (dB) ou mais, aferida por audiograma nas frequências de 500Hz, 1.000Hz, 2.000Hz e 3.000Hz" (BRASIL, 2005).

Educação Especial - é uma modalidade de ensino que perpassa todos os níveis, etapas e modalidades, realiza o atendimento educacional especializado, disponibiliza os serviços e recursos próprios desse atendimento e orienta os alunos e seus professores quanto a sua utilização nas turmas comuns do ensino regular (BRASIL, 2008, p. 16). **Na perspectiva da educação inclusiva**, a educação especial passa a constituir a proposta pedagógica da escola, definindo como seu público-alvo os alunos com deficiência, transtornos globais de desenvolvimento e altas habilidades/superdotação. Nestes casos e outros, que implicam em transtornos funcionais específicos, a educação especial atua de forma articulada com o ensino comum, orientando para o atendimento às necessidades educacionais especiais desses alunos (BRASIL, 2008, p. 16).

Educação Inclusiva - constitui um paradigma educacional fundamentado na concepção de direitos humanos, que conjuga igualdade e diferença como valores indissociáveis, e que avança em relação à ideia de equidade formal ao contextualizar as circunstâncias históricas da produção da exclusão dentro e fora da escola (BRASIL, 2008, p. 5).

Escolas Bilíngues – "são aquelas onde a língua de instrução é a Libras e a Língua Portuguesa é ensinada como segunda língua, após a aquisição da primeira língua; essas escolas se instalam em espaços arquitetônicos próprios e nelas devem atuar professores bilíngues, sem mediação de intérpretes na relação professor - aluno e sem a utilização do português sinalizado", de acordo o disposto no Relatório do Grupo de Trabalho, designado pelas Portarias nº1.060/2013 e nº91/2013, contendo subsídios para a Política Linguística de Educação Bilíngue – Língua Brasileira de Sinais e Língua Portuguesa (BRASIL, 2014, p. 4).

Estudos Surdos – "Um novo campo teórico que prima pela aproximação com o conhecimento e com os discursos sobre a surdez e sobre o mundo surdo", segundo Quadros, Schmiedt (2006, p. 14 *apud* Skliar (1998).

Feneis - A Feneis – **Federação Nacional de Educação e Integração dos Surdos**, fundada em 16 de maio de 1987, é uma entidade filantrópica, sem fins lucrativos, que tem por finalidade a defesa de políticas linguísticas, educação, cultura, emprego, saúde e assistência social, em favor da comunidade surda brasileira, bem como a defesa de seus direitos. Outras informações podem ser completadas no site da Feneis, disponibilizado em https://feneis.org.br/, cujo acesso tivemos em 13 de abril de 2024.

Leitura – De acordo Salles *et al.* (2004, p. 19): "é um processo de interpretação que um sujeito faz do seu universo sócio-histórico-cultural. A leitura é, portanto, entendida de maneira mais ampla, em que certamente o sistema linguístico cumpre um papel fundamental, tendo em vista que "a leitura do mundo precede a leitura da palavra e a leitura desta é importante para a continuidade da leitura daquele' (Freire, 1982: 20)".

Letramento – Para Quadros, Schmiedt (2006, p. 17): "É o estado daquele que não só sabe ler e escrever, mas que também faz uso competente e frequente da leitura e da escrita, e que, ao tornar-se letrado, muda seu lugar social, seu modo de viver na sociedade, sua inserção na cultura (Soares, 1998:36-37). Letramento nas crianças surdas enquanto processo faz sentido se significado por meio da língua de sinais brasileira, a língua usada na escola para aquisição das línguas, para aprender por meio dessa língua e para aprender sobre as línguas. A língua portuguesa, portanto, será a segunda língua da criança surda sendo significada pela criança na sua forma escrita com as suas funções sociais representadas no contexto brasileiro. Nessa perspectiva, caracteriza-se aqui o contexto bilíngue da criança surda".

Língua e Linguagem – Definições explicadas por Quadros, Schmiedt (2006, p. 15): "Lyons (1987) define linguagem como um sistema de comunicação natural ou artificial, humano ou não. Nesse sentido, linguagem é qualquer forma utilizada com algum tipo de intenção comunicativa incluindo a própria língua. No entanto, vários estudos utilizam o termo "linguagem" num sentido mais restrito (Chomsky, 1986; 1995): o conhecimento que a pessoa tem que a torna capaz de expressar-se através de uma língua, isto é, um sistema linguístico com deter minadas regras altamente recursivo, pois permite a produção de infinitas frases de forma altamente criativa. A língua, portanto, é tratada enquanto sistema. Obviamente que estas definições são de ordem essencialmente linguísticas não captando a riqueza das interações sociais que transformam e determinam a expressão linguística. Assim, língua e linguagem podem ser compreendidas em dois diferentes níveis: (1) o nível biológico, enquanto parte da faculdade da linguagem humana e, (2) o nível social ao interferir na expressão humana final. No primeiro nível, discutem-se questões essenciais, como a aquisição da linguagem. Já no segundo nível, discutem-se aspectos relacionados com as representações discursivas e sociais permeadas por representações culturais. A questão do bilinguismo pode ser discutida nesses dois níveis de linguagem. Aqui deter-se-á a discutir e analisar esse aspecto no contexto do segundo".

Língua de sinais brasileira – Definição trazida por Quadros, Schmiedt (2006, p. 15): "Língua que é o meio e o fim da interação social, cultural e científica da comunidade surda brasileira, é uma língua visual-espacial".

Literatura Surda – De acordo Karnopp (2010, p. 161): "É a produção de textos literários em sinais, que traduz a experiência visual, que entende a surdez como presença de algo e não como falta, que possibilita outras representações de surdos e que considera as pessoas surdas como um grupo linguístico e cultural diferente".

PcD (Pessoa com Deficiência) – "aquela que tem impedimento de longo prazo de natureza física, mental, intelectual ou sensorial, o qual, em interação com uma ou mais barreiras, pode obstruir sua participação plena e efetiva na sociedade em igualdade de condições com as demais pessoas", de acordo a Lei nº 13.146, de 6 de julho de 2015, Art. 2º.

Políticas linguísticas – Segundo Quadros, Schmiedt (2006, pp. 16-17): "Ações consideradas imprescindíveis para que se reconheça, de fato, a língua brasileira de sinais enquanto língua nacional. A partir delas, criam-se formas de cultivar a língua brasileira de sinais, de disseminá-la e de preservá-la. As línguas de sinais de vários países foram preservadas e passadas de geração em geração nas associações de surdos e famílias de surdos, são línguas que passaram de "mão em mão", sendo vistas e produzidas de um para o outro. No Brasil, as associações de surdos sempre mantiveram intercâmbios possibilitando contatos entre surdos do país inteiro possibilitando a existência da língua brasileira de sinais com suas respectivas variações linguísticas. As políticas linguísticas que se ocupam das línguas de sinais precisam considerar essas formas de apropriação e cultivo dessas línguas. A tradução das políticas linguísticas no âmbito educacional é uma das formas de cultivo a língua brasileira de sinais enquanto língua nacional. Em nosso país, uma política linguística para a língua brasileira de sinais começa a ser instaurada por meio legal. A lei 10.436 de 2002 reconhece o estatuto linguístico da língua de sinais e, ao mesmo tempo assinala que esta não pode substituir o português".

Professor bilíngue - é o professor especializado que possui conhecimento em Libras e, por meio dela, desenvolve práticas de letramento que permitirão ao aluno surdo aprender o português escrito, como segunda língua, no currículo escolar.

Professor ou instrutor de Libras – profissional, preferencialmente surdo, responsável pelo ensino da língua de sinais às crianças e jovens surdos, que atua no contra turno, complementando o processo educacional formal, desde a educação Infantil. Além dessa função, é o responsável pela disseminação de Libras a comunidades escolar, como segunda língua.

Surdo - Conforme Sá; Sá (2015, p. 18): "Os surdos preferem se autodefinir como um grupo cultural e preferem não lançar a atenção sobre a falta da audição, mas sobre suas potencialidades". Esse é o olhar da **diferença**, que enxerga o surdo com a mesma capacidade cognitiva de um ouvinte. É a compreensão da pessoa surda na perspectiva da constituição do sujeito como humano.

Fonte: https://l1nk.dev/7kOHU. Acesso em: 30 jan. 2024

O Decreto nº 5.626 de 22 de dezembro de 2005, no Capítulo I, Art. 2º, define pessoa surda e diferencia surdez de deficiência auditiva ao mencionar:

[...] *considera-se pessoa surda* aquela que, por ter perda auditiva, compreende e interage com o mundo por meio de experiências visuais, manifestando sua cultura principalmente pelo uso da Língua Brasileira de Sinais – Libras.

Almeida, 2015, p. 9 assim conceitua a **pessoa surda**:

> ...poderemos compreender a pessoa surda como um sujeito cultural, que destituído de condições terapêuticas, constitui-se em seus aspectos linguísticos a partir de elementos de empoderamento que demarcam a sua diferença e tomam posse de seus espaços de conhecimento, seja na educação básica ou no ensino superior.

Tradutor e Intérprete de Libras/Língua Portuguesa – profissional que atua no contexto regular de ensino, oferecendo suporte técnico-pedagógico à escolarização de alunos surdos, por meio da interpretação/tradução da Libras/ Língua Portuguesa, de modo a assegurar o desenvolvimento da proposta de educação bilíngue.

Visual Vernacular (VV) - de acordo Marquioto (2023, p. 48), "trata-se de uma sinalização em estilo similar aos classificadores, em que você dramatiza uma cena de forma descritiva e que se inspira em recursos de imagem e efeitos cinematográficos como o 3D, explorando um espaço de sinalização amplo, chegando até 360 graus em torno do corpo do poeta. Esse tipo de sinalização dispensa o uso da datilologia, por exemplo, ou de vocabulários em Libras".

Outra definição de VV é trazida por Ramos e Abrahão (2018, p. 63) quando dizem:

> A Visual Vernacular é uma forma estética performática e narrativa, produzida a partirdas línguas de sinais, mas que, propositalmente, usa poucos sinais padronizados – e, por vezes, nenhum. Ela propõe a articulação desses poucos sinais relacionada à percepção de classificadores. Caracteriza-se pela elaboração de processos narrativos em terceira dimensão, através do uso de elementos e estratégias da linguagem cinematográfica. Hibridiza-se, ainda, com a poesia, o teatro, a mímica e a dança, mesclando-os em sua estrutura.

Orientações de Leituras:

ALMEIDA, Wolney Gomes. **Educação de surdos**: formação, estratégias e prática docente. Ilhéus, BA: Editus, 2015. Disponível em https://www.santoandre.sp.gov.br/pesquisa/ebooks/387071.PDF. Acesso em 30 dez. 2023.

BRASIL. Ministério da Educação. **Política Nacional de Educação Especial na Perspectiva da Educação Inclusiva**. Brasília: MEC/SEESP, 2020. Disponível em: http://portal.mec.gov.br/arquivos/pdf/politicaeducespecial.pdf. Acesso em: 02 fev. 2024.

BRASIL. **Decreto nº 5.626, de 22 de dezembro de 2005**. Regulamenta a Lei nº 10.436, de 24 de abril de 2002, que dispõe sobre a Língua Brasileira de Sinais – Libras, e o art. 18 da Lei nº 10.098, de 19 de dezembro de 2000. Presidência da República, Casa Civil. Brasília, 22 de dezembro de 2005. Disponível em: https://11nk.dev/QeOtg. Acesso em: 03 fev. 2024.

BRASIL. Ministério da Educação. **Base Nacional Comum Curricular**. Brasília, 2018. Disponível em http://basenacionalcomum.mec.gov.br/abase/. Acesso em: 17 out. 2022.

BRASIL. **Escolas Bilíngues de Surdos**. Disponível em https://11nk.dev/FhjWJ Acesso em: 04 abr. 2023.

KARNOPP, Lodenir Becker. **Produções culturais de surdos: análise da literatura surda**. Cadernos de Educação / FaE/PPGE/UFPel / Pelotas:155-174, maio/agosto 2010.

QUADROS, Ronice Müller de. SCHMIEDT, Magali L. P. **Ideias para ensinar português para alunos surdos**. Brasília: MEC, SEESP, 2006.

MARQUIOTO, Marcos Alexandre. **Poesia concreta em Libras**: Uma proposta de tradução intralingual e interlingual. (Mestrado em Estudos da Tradução). Universidade Federal de Santa Catarina. Florianópolis, 2023.

SÁ, Nídia Regina Limeira de. Escolas e Classes de Surdos: Opção Político-pedagógica Legítima. In: SÁ, Nídia Regina Limeira de (org.). **Surdos:** qual escola? Manaus: Valer e Edua, 2011. p. 17-61.

SALLES, Heloisa Maria Moreira Lima *et al*. **Ensino de língua portuguesa para surdos:** caminhos para a prática pedagógica. Brasília: MEC, SEESP, 2004. 2 v.

STROBEL, K. L. Surdos: vestígios culturais não registrados na História. 2008. 176 f. Tese (Doutorado em Educação) - Universidade Federal de Santa Catarina, Florianópolis, 2008. Disponível em https://repositorio.ufsc.br/handle/123456789/91978. Acesso em: 07 fev. 2024.

Wolney Gomes Almeida

Doutor em Educação pela Universidade Federal da Bahia - UFBA; Pós-Doutor em Educação Especial pela Universidade do Minho (Portugal); Mestre em Cultura e Turismo pela Universidade Estadual de Santa Cruz (UESC); Licenciado em Letras pela Universidade Paulista; Bacharel em Comunicação Social pela UESC. Atualmente é professor Titular da Universidade Estadual de Santa Cruz (UESC), ministrando a disciplina Libras; Coordenador do Programa de Pós-Graduação *Strictu Sensu* em Mestrado Profissional em Letras - PROFLETRAS; Coordenador do Grupo de Estudos e Pesquisas em Educação Inclusiva (GEPEI); membro do Grupo de Pesquisa Emofor: Emoção e Formação. É intérprete e professor de Libras, possuindo certificação de proficiência na tradução e interpretação da Libras/LP e proficiência na docência de Libras - PROLIBRAS. Autor do livro "O Guia-intérprete e a Inclusão da Pessoa com Surdocegueira"; autor do livro didático "Introdução à Língua Brasileira de Sinais"; organizador do livro "Educação e Inclusão: Desafios Possibilidades para a pessoa Surda"; e do livro "Educação de Surdos: Formação, Estratégias e Prática Docente".

Ivone Santana Amorim

Mestrado Profissional em Letras (PROFLETRAS) pela Universidade Estadual de Santa Cruz (UESC). Licenciada em Letras Vernáculas e em Informática, ambas graduações pela Universidade Estadual do Sudoeste da Bahia (UESB). Especializada *Lato Sensu*: em Educação Especial pela Universidade de Ipatinga (MG); em Tecnologias e Educação Aberta e Digital pela

Universidade Federal do Recôncavo Baiano (UFRB); em Formação Continuada em Mídias na Educação pela Universidade Estadual do Sudoeste da Bahia (UESB); em Língua Portuguesa pela Faculdade do Noroeste de Minas; em Metodologia do Ensino Superior pelas Faculdades Integradas de Jequié. Professora da rede estadual de ensino da Bahia, trabalha na Educação Especial desde 2018. Acumula experiência como tutora pela Universidade Estadual do Sudoeste da Bahia (UESB), Instituto Federal da Bahia (IFBA) e Universidade Estadual de Santa Cruz (UESC).